·品读世界历史　汲取无穷智慧·

世界上下五千年

文若愚　编著

团结出版社

图书在版编目（CIP）数据

世界上下五千年 / 文若愚编著. -- 北京 : 团结出版社, 2017.4（2020.11 重印）
ISBN 978-7-5126-5131-9

Ⅰ. ①世… Ⅱ. ①文… Ⅲ. ①世界史—通俗读物 Ⅳ. ①K109

中国版本图书馆CIP数据核字（2017）第091275号

出　版：团结出版社
（北京市东城区东皇城根南街 84 号 邮编：100006）
电　话：（010）65228880　65244790（传真）
网　址：www.tjpress.com
E - mail：zb65244790@vip. 163. com
经　销：全国新华书店
印　刷：三河市南阳印刷有限公司

开　本：155mm × 220mm　16 开
印　张：56 印张
字　数：580 千字
版　次：2017 年 6 月　第 1 版
印　次：2020 年 11 月　第 2 次印刷

书　号：978-7-5126-5131-9
定　价：298.00 元（全四册）

前言

世界历史从古老文明的第一声号子，到电子时代的第一束激光，经历了五千年的漫长而又耐人寻味的过程，其间既有繁荣辉煌，也有曲折艰难，过去的历史的积累，铸成了今天灿烂的现代文明。通过学习和了解世界历史，我们可以从大历史的兴衰演变中体会生存智慧，从叱咤风云的历史人物经历中感悟人生真谛。

博古通今一直是中国人的追求，因为历史蕴含着经验与真知，无论是王朝帝国的兴衰成败、历史人物的功过是非，还是重大事件的曲折内幕、伟大创新背后的艰辛……这些过往的历史无不折射出做人与做事的道理。学习历史，了解历史，小到个人，是充实自己头脑、得到人生启迪的需要；大到国家，是在世界民族之林立于不败之地的前提。

古人记述历史的范围受限于他们当时所能认识的世界，然而在科技发达的今天，世界越来越像一个大村庄，任何一个国家和地区都是世界历史体系中的一部分。对每一个读者来说，只有了解整个世界历史的进程，掌握人类社会整体发展的各个阶段，树立全球史观，才能正确看待现代人类面临的各种社会现象和社会问题。

但五千年间发生的历史事件、出现的历史人物错综复杂、头绪繁多，普通读者很难找到入门之捷径。历史知识的普及对历史读物的通俗性和趣味性提出了很高的要求，而从目前有关世界历史的研究和出版状况来看，却并不乐观，过于深奥、抽象的专业史学论著常使普通读者读起来味同嚼蜡。如何使历史从神圣的殿堂走入民间？如何能使读者如欣赏文学作品般欣赏历史？本书在这方面做了努力。

为了帮助读者在较短时间内了解世界历史的进程，丰富知识储备，我们精心编撰了这部《世界上下五千年》。本书以时间为序，选取了世界上下五千年中的重大事件、风云人物、辉煌成就、灿烂文化等内容，力求在真实性、趣味性和启迪性等方面达到一个新的高度，并通过科学的体例与创新的版式，新视角、多层面地阐释世界历史，帮助读者从宏观上把握世界历史，进而掌握人类历史发展的内在规律。

本书还精心选配了数百幅内容涵盖面广、表现形式丰富的图片，包括出土文物、历史遗迹、战争示意图、名人画像等，与文字内容互为补充与诠释，使读者仿佛置身于一座真实立体的历史博物馆，更加直观地了解世界历史。

在这里，我们用通俗流畅的语言来解读重大的历史事件、鲜活的历史人物、丰富的多元文化，把厚重的五千年历史通过简洁明了的形式表达出来。阅读本书，读者可以在轻松愉悦中了解人类历史的发展进程，增长知识和胆略，提高历史修养，进而用世界胸怀和历史眼光更好地把握现在，展望未来。

目 录

·古代文明时期·

·帝国争战时期·

·中世纪·

·文艺复兴时期·

·资产阶级革命时期·

·工业革命时期·

·世界大战时期·

·冷战时期·

·世界新格局·

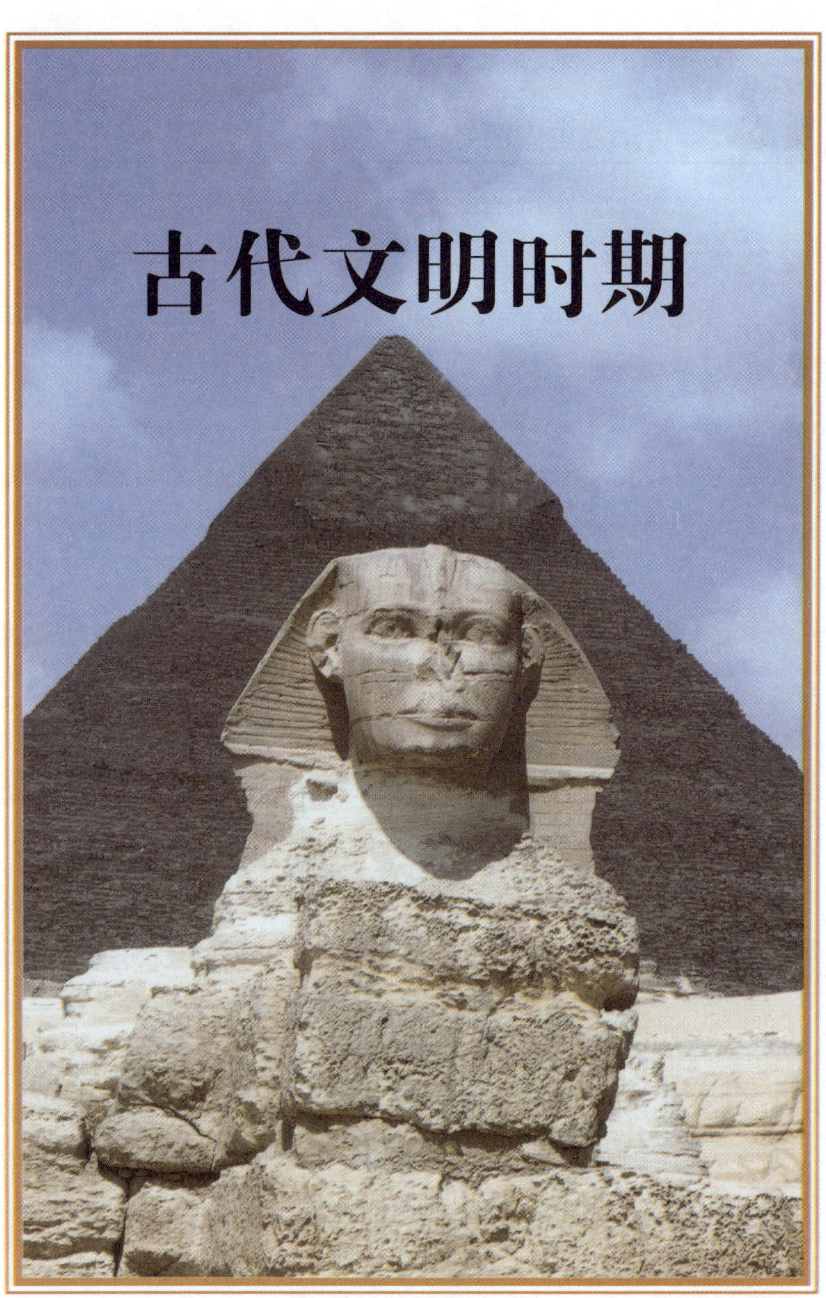
古代文明时期

古埃及王国的统一

古希腊著名的历史学家希罗多德曾说："埃及是尼罗河的礼物。"事实也证明，没有尼罗河，就没有古埃及的辉煌文明。

尼罗河全长6600千米，是世界第一长河，发源于非洲中部的高原，从南向北，流入地中海。它流经埃及的那一段只占全长的1/6。

一般来说，河水泛滥不是件好事，但对于古埃及人来说，那却是尼罗河赐给他们的礼物。每年的7月，尼罗河的发源地就进入了雨季，暴雨使尼罗河的水位大涨。7月中旬的时候，水势最大，洪水漫过河堤，淹没了尼罗河两岸的沙漠。11月底，洪水渐渐退去，给两岸的土地留下厚厚的肥沃的黑色淤泥，聪明的

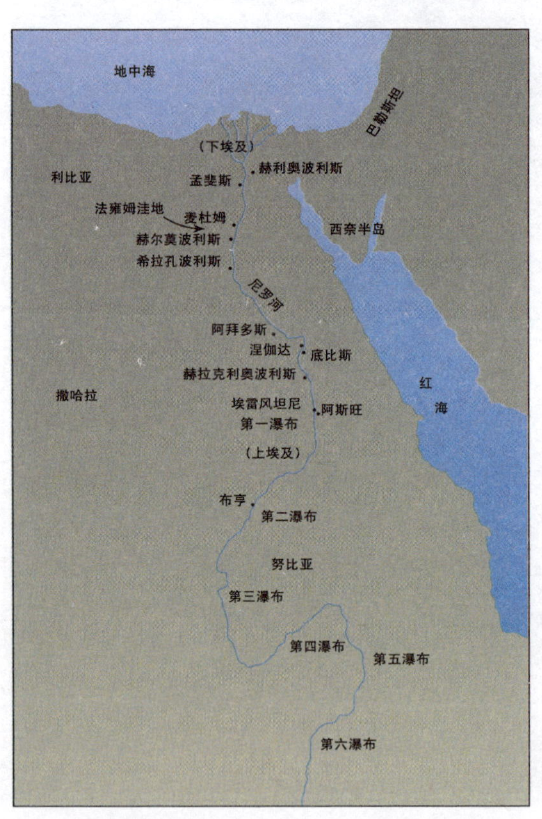

尼罗河流域位置图

尼罗河畔的肥沃土地孕育了古埃及文明。

·古埃及人的后裔·

古埃及人的后裔现在叫科普特人（古希腊语中“埃及人”的意思），约占埃及人口的15%，信仰基督教。他们平时讲阿拉伯语，科普特语仅在宗教场合使用。科普特人主要从事商业和技术性工作，联合国前秘书长布特罗斯·加利就是科普特人。

古埃及人就在这层淤泥上种植庄稼。虽然埃及大部分土地都是沙漠，干旱少雨，但是由于古埃及人靠着尼罗河，根本不用为农业灌溉发愁，所以古埃及人称尼罗河为“母亲河”，尼罗河两岸也成了古代著名的粮仓。

古埃及人是由北非的土著人和来自西亚的塞姆人融合形成的。大约在距今6000年，古埃及从原始社会进入了奴隶社会，尼罗河两岸出现了42个奴隶制城邦（以一个城市为中心，连同周围的农村构成的小国）。古埃及人称之为“塞普”，古希腊人称之为“诺姆”，中国翻译成“州”。

这些奴隶制城邦经过长期的战争，逐渐形成两个王国。南部尼罗河上游的谷地一带的王国叫作上埃及王国，国徽是白色的百合花，保护神是鹰神，国王戴白色的王冠，由22个城邦组成。北部尼罗河下游三角洲一带的王国叫下埃及王国，国徽是蜜蜂，保护神是蛇神，国王戴红色的王冠，由20个城邦组成。

两个王国为了争霸、统一，经常发生战争。大约在公元前3100年，上埃及在国王美尼斯的统治下，逐渐强大起来。美尼斯亲率大军，征讨下埃及，下埃及迎战，两军在尼罗河三角洲展开激战。美尼斯率领军队与下埃及的军队厮杀了三天三夜，终于取得了胜利。下埃及国王和一群俘虏跪在美尼斯面前，双手捧着红色的王冠，毕恭毕敬地献给美尼斯，表示臣服。美尼斯接过王冠，戴在头上，上埃及的军队举起兵器，齐声呐喊，庆祝胜利。从此，埃及成为统一的国家。

为了纪念这次胜利，加强对下埃及的控制，美尼斯就在决战胜利的地点修建了一座城市——白城，希腊人称之为孟菲斯，遗址在今埃及首都开罗附近。美尼斯还派奴隶在白城周围修建了一条堤坝以防止尼罗河泛滥时将城市淹没。埃及统一后，下埃及人从未停止过反抗，直到400年后，统一大业才真正完成。

美尼斯是古埃及第一位国王，他自称“两国的统治者”“上下埃及之王”，有时候戴白冠，有时候戴红冠，有时候两冠合戴，象征着上下埃及的统一。在埃及史上，美尼斯统治的王国被称为“第一王朝”，是古埃及文明兴起的标志。现在，开罗的埃及博物馆里有一块《纳美尔(美尼斯的王衔名)记功石板》，用浮雕记录了美尼斯征服下埃及，建立统一王国的丰功伟绩，这是目前为止埃及发现的最古老的石刻历史记录。因为古埃及的国王被称为法老（原意为宫殿，相当于称呼中国皇帝的“陛下”），所以此后长达3000年的时间被称为法老时代。第三代国王阿哈首次采用王冠、王衔双重体制，就是王冠为红白双冠，王衔是树、蜂双标，分别代表上下埃及，并定都于孟菲斯。从公元前3100年美尼斯统一埃及到公元前332年埃及被亚历山大征服，法老时代的埃及一共经历了31个王朝。

古埃及人拥有辉煌的古代文明。他们创造了象形文字，在天文学、几何学、解剖学、建筑学、历法方面也有很高的成就，对西亚、希腊和欧洲有很大的影响，为人类文明做出了不可磨灭的巨大贡献。在美尼斯之后的2000年里，埃及无论从财富还是从文化角度，都是当时世界上最先进的国家。

胡夫金字塔

埃及有句谚语说：人类惧怕时间，而时间惧怕金字塔。单从字面意义上看，金字塔让我们感到震惊，它的古老似乎已经无法用时间的长短来衡量，再从它的内涵看，它已经成为埃及文明的象征，是人类文明的绝唱，这无疑是时间赋予金字塔的辉煌。可是如果时光倒转到4000多年以前，金字塔不过是埃及国王的坟墓而已。

在古埃及第三王朝之前，埃及法老的坟墓还不是金字塔，而是一种用泥砖建成的长方形的坟墓，古埃及人叫它“马斯塔巴”。到了第三王朝时期，法老们本也想将马斯塔巴作为死后的永久性住所的，可是，埃及人在那一时期却产生了国王死后要成为神，他的灵魂要升天的观念。于是，人们在设计法老坟墓时，就把它设计成了角锥体——升天的梯

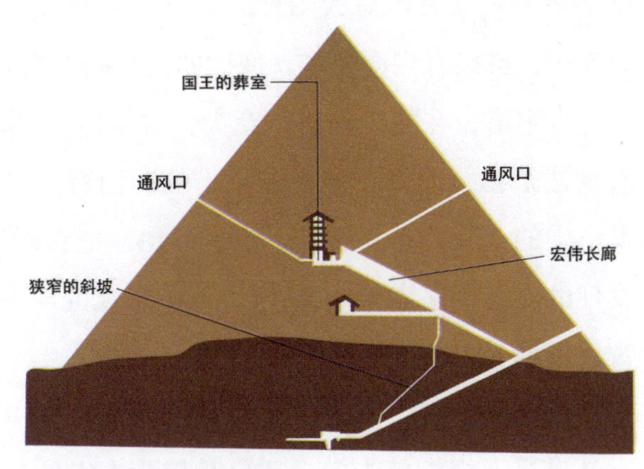

大金字塔内部结构示意图

·狮身人面像·

埃及的狮身人面像离胡夫金字塔约350米远，坐落在哈夫拉金字塔（胡夫之子哈夫拉的陵墓）的东侧，似乎是陵墓的守护者，但更可能是死后与太阳神结为一体的哈夫拉王的象征。它高约20米，长为57米，如果把匍匐在地的两只前爪计算在内，共有73.5米长。它的耳、鼻长度超过一个普通人的身长。其胡须据说全长4米，重约30吨。千百年来，这座半人半兽的怪物不断引起人们的遐想，认为它的形象很可能象征着人的智慧和狮子的勇敢的结合，象征着国王凛然不可侵犯和凌驾一切的权威。它表现了古代埃及人的伟大智慧和创造力。

子。这在《金字塔铭文》中是有记载的：为他（法老）建造起上天的天梯，以便他可由此上到天上。《金字塔铭文》中还有这样一句话：天空把自己的光芒伸向你，以便你可以去到天上，犹如拉的眼睛一样。“拉”就是古埃及太阳神的名字，也就是说，角锥体金字塔形式又表示对太阳神的崇拜——在金字塔棱线的角度向西方看去，可以看到金字塔就像撒向大地的太阳光芒。

金字塔，在阿拉伯语中意为“方锥体”，是一种方底、尖顶的石砌建筑物，因为它规模宏大，从四面看都呈等腰三角形，很像汉语中的“金”字，所以，中文形象地把它译为“金字塔”。迄今发现的埃及金字塔共约80座，其中最大的胡夫大金字塔，被称为古代世界七大奇迹之首。

胡夫金字塔，位于埃及首都开罗西南约10千米的吉萨高地，它是世界上规模最为宏大，也是较为古老的金字塔，始建于埃及第四王朝第二个法老胡夫统治时期，被认为是胡夫为自己建造的陵墓。根据古埃及宗教理论，人死之后灵魂可以继续存在，只要保护好尸体，3000年以后就会在极乐世界复活并从此获得永生。因此，古埃及的每位法老从登基之日起，便着手为自己修建陵墓，以求死后超度为神。胡夫统治时期正逢古埃及盛世，因此其陵墓规模也空前绝后。

胡夫金字塔原高146.5米，后因顶端受到风雨侵蚀，现在的高度仅为136.5米，大致相当于40层楼房那么高。在1889年法国巴黎的埃菲尔铁塔建成以前，几千年来它一直是世界上最高的建筑。整个塔身呈正四棱锥形，底面为正方形，占地5公顷，4个斜面分别对着东、西、南、北4个方位，误差不超过3分，底边原长230.35米，由于年深月久的侵蚀，塔身外层石灰石存在一定程度的脱落，目前底边缩短为227米，倾斜角度为51度52分。胡夫金字塔通身由近230万块巨石砌成，每块石头重1.5～160吨，石块的接合面经过认真打磨，表面光滑，角度异常准确，以至于石块间都不用任何黏合物，全部

金字塔及狮身人面像

自然拼接，在没有被风蚀、破坏的地方，石缝中连薄薄的刀片也难以插入，可以想见其工艺的精湛。

胡夫金字塔的入口在北侧面，距地面18米，从入口通过甬道可以深入神秘的地下宫殿，该甬道与地平线呈30度夹角，与北极星相对。由此可见，北极星在古埃及人的心目中有着某种特殊的意义。沿甬道上行则能到达国王殡室，殡室长10.43米，宽5.21米，高5.82米，与地面的垂直距离为42.82米，墓室中仅存一具红色花岗岩石棺，别无他物，这也正是后来某些考古学家怀疑金字塔不是作为法老陵墓的一个重要论据。

根据古希腊历史学家希罗多德等人估计，法老胡夫至少动用了10万奴隶，耗时20～30年时间才建造完成金字塔。但最新的权威考古学家发现，金字塔应由劳工建造而非奴隶，其主体部分为贫民和工匠，采用轮流工作制，每个工期约为3个月。因为考古人员在金字塔附近地区发现了建造者们的集体宿舍等生活设施的遗迹和墓地，以及大量用于测算、加工石料的工具(作为随葬品)，而奴隶是不会享有这种待遇的。

胡夫金字塔、哈夫拉金字塔和门卡乌拉金字塔在吉萨高地"一"字排开，组成灰黄色的金字塔群。这些单纯、高大、厚重的巨大四棱锥体高傲地屹立在浩瀚的沙海中，向世人夸耀着古埃及人在天文学、数学、力学等领域的极高造诣以及古埃及劳动人民的智慧和伟大。

在哈夫拉金字塔旁边有一座高约20米、长约46米的气势磅礴的狮身人面像，它来自于设计师的灵感。

公元前2500年左右的某天，工匠们正在吉萨高地忙着修建金字塔时，法老哈夫拉前来巡视。一切似乎都很满意，正当法老要转身离开的时候，他看到了一座光秃秃的小山。自己的陵墓旁边竟然有这么一个倒胃口的东西，他很不高兴。建筑师慌忙向他解释：这座小山包的石头里含有贝壳之类的杂质，无法使用，因此放弃了对它的开采。但是，法老不想听这样的解释，他要的是一座完美的，和周围景物谐调的金字塔。于是，设计师们开始了苦思冥想——埃及古代神话给了他们灵感。他们把小山包设计成哈夫拉的头像和狮子的身躯，既体现了法老的威严，又显示了狮子的勇猛，法老哈夫拉看后赞不绝口。

苏美尔城邦的兴衰

在亚洲的西部，有两条大河，东边的叫底格里斯河，西边的叫幼发拉底河，它们都发源于今天土耳其境内的亚美尼亚高原，在下游交汇成阿拉伯河，流入波斯湾。希腊人称底格里斯河和幼发拉底河之间的地区为“美索不达米亚”，意思是“两河之间的地方”，因此这里又叫两河流域。美索不达米亚可以分为南北两部分。北部以亚述城为中心，称为西里西亚，简称亚述，又叫上

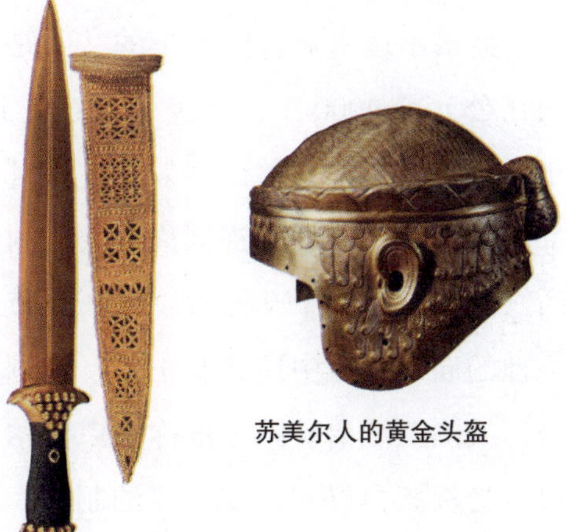

苏美尔人的黄金头盔

乌尔一座陵墓中的黄金短剑及剑鞘

手持战斧的苏美尔战士

美索不达米亚，这里地势较高，丘陵起伏；南部以巴比伦城为中心，称为巴比伦尼亚，意为“巴比伦的国土”，又称下美索不达米亚，地低较低，湖泊沼泽众多，两条大河在这里交汇，形成三角洲。巴比伦尼亚又分为南北两个地区，北部为阿卡德人居住的地区，南部为苏美尔人居住的地区。每年春天，亚美尼亚高原的积雪融化，两河河水暴涨，美索不达米亚地区洪水泛滥成灾，尤其是地势较低的下游一带，几乎全部被淹没。泛滥的洪水退去之后，留下了大量的淤泥，使两河地区的土地变得非常肥沃，这里的人们和古埃及人一样，享受着大河的恩赐。再加上这里日照充足，水源丰沛，所以庄稼年年丰收，农业非常发达。

美索不达米亚地区最早的文明是由苏美尔人创造出来的。大约在公元前 4000 年，苏美尔人迁徙到这里。大约在公元前 2900 年，苏美尔人建立了许多奴隶制城邦，进入全盛时代。这些城邦都是由一个中心城市连同周围的农村组成，面积不大，居民少的两三万人，多的十几万人。每个城市的中心都建有这个城市的保护神的庙宇，城中还建有王宫，周围是城墙。城邦由掌管祭祀的僧侣或国王统治，国王被称为卢伽尔、拍达西、恩或恩西，他的权力受贵族会议和民众会议的制约。城邦的统治阶级是贵族奴隶主，被统治阶级是手工业者（自由民）和奴隶。苏美尔人的城市临河而建，被一片片的湖泊沼泽包围。城市之间都有运河相连，商人们乘着满载货物的大船来往于各个城市之间进行贸易。

随着经济的不断发展，各城邦之间为了争夺奴隶、财富和土地，展开了激烈的战争。这些城邦一面自相残杀，一面抵抗周围山地的民族和来自阿拉伯沙漠的游牧民族的侵扰。苏美尔人中最强大的城邦是乌尔、拉格什、乌鲁克、乌玛，他们之间的战争尤其激烈和残酷。

公元前3000年左右的时候，乌尔是苏美尔地区的一个大都市，号称“月神之城”。因为月神南娜和他的妻子宁伽尔是乌尔的保护神，他们的庙宇建在乌尔城的中心25米高的3层台阶上，周围是繁华的市场和拥挤的民房。乌尔城大约有3万多人居住，宽阔的护城河同附近的幼发拉底河相连。

苏美尔城邦衰落后，北部阿卡德人在国王萨尔贡一世的率领下，征服了所有苏美尔人的城邦，完成了下美索不达米亚的统一。

苏美尔人创造了非常辉煌的文明。苏美尔人根据月亮的盈亏制定了太阴历，把一年分为12个月，每个月29天或30天，每年354天。他们排干沼泽，开凿沟渠，扩大耕种面积。苏美尔人首先发明了犁，在三角洲富饶肥沃的土地上辛勤耕作，种植小麦和大麦，制作了大量色彩艳丽的各种陶器。他们的数学也达到了极高的水平，计数采用六十进位制，1分钟60秒，1小时60分钟，就是从那时沿袭而来的。而一天24小时、360度的圆周也同样来自于苏美尔人的文明。他们还发明了楔形文字，记录下了许多神话和史诗，建立了一套完备的法律体系，著名的《汉谟拉比法典》就是根据苏美尔法典订立的。他们还是最早使用车辆运输的民族，使用牛拉的四轮货车，比古埃及人要早2000多年。

萨尔贡的征服

萨尔贡王石碑断片

苏美尔人建立的各个城邦如乌尔、拉格什、乌鲁克、乌玛等，为了争夺霸权、奴隶和财富，混战不止，大大地消耗自身的实力，这为萨尔贡的统一创造了条件。

萨尔贡是阿卡德人，出生于阿卡德人建立的基什城邦附近，是一个私生子。刚出生不久就被狠心的母亲装在芦苇篮子里，用沥青封好篮子口，丢弃在幼发拉底河里。庆幸的是，萨尔贡没有淹死，他被来河边取水的宫廷园丁阿基救了起来，收为养子。萨尔贡在养父的抚养下长大成人，并继承了养父的职业。他技艺高超，多才多艺，后来又做了基什国王的厨师。他利用接触国王的机会，处处留心，熟悉了军政事务。基什是阿卡德地区最强大的城邦，不断对外发动战争，成了阿卡德地区的霸主。

当时，苏美尔地区最大的城邦是乌玛。乌玛军队在他们的英勇善战的卢伽尔（国王）扎吉西的率领下，南征北战，基本上统一了苏美尔地区，只剩下拉格什和北部阿卡德地区的基什还没有屈服，仍然在顽强抵抗。为了彻底统一两河流域，卢伽尔扎吉西决心征服这两个城邦。

面对强悍的乌玛军队，基什的贵族们惊惶失措，被打得大败，人民对国王失去信心，国家危在旦夕。公元前 2371 年，萨尔贡乘机发动武装起义，当上了基什国王。萨尔贡继位后，组建起世界上第一支 5400 人的常备军，牢牢掌握了军权。由于根基尚未稳固，他仍沿用基什国号。后来，他新建了阿卡德城（今伊拉克首都巴格达附近），并迁都该城，改国号为阿卡德。

拉格什是当时苏美尔地区一个很强大城邦，包括奴隶在内有 15 万人。拉格什的军队以步兵为主，分为重装步兵和轻装步兵。军队的基本编制为队，每队有 20 ~ 30 人，按公民的职业编组命名，比如农人队、牧人队等。

这时，卢伽尔扎吉西正率领温玛、乌鲁克两个城邦的联军与拉格什激战，双方血战多日，战场上尸骨如山。拉格什军队中的不少队只剩下了几个人，被迫将各种职业的人混编成队继续作战。

被拉格什拖住的卢伽尔扎吉西无力对付萨尔贡，只好派使者前去和萨尔贡谈判。雄心勃勃的萨尔贡当然不会屈服，所以谈判破裂，萨尔贡立即率领军队挥师南下进攻扎吉西。

这时，扎吉西率领的联军已经攻克了拉格什，但拉格什人并没有屈服，仍然在进行着顽强的巷战。听说谈判破裂，扎吉西马上率领大军离开拉格什，北上迎

显示王室军威的军旗

旗中图案详细描绘了公元前 2500 年强大的乌尔军队的一次大捷。

·苏美尔地区主要人物·

萨尔贡（约公元前2371～前2316年），阿卡德国王，第一次统一两河流域。

乌尔纳木（约公元前2113～前2096年），乌尔王，驱走库提人，建立乌尔第三王朝，颁布世界上第一部法典——《乌尔纳姆法典》。

汉谟拉比（约公元前1792～前1750年），统一两河流域，建立起巴比伦王国，颁布《汉谟拉比法典》。

击萨尔贡。卢伽尔扎吉西率领50个苏美尔城邦的联军，大约一两万人，与萨尔贡的5000军队展开决战。萨尔贡虽然在兵力上处于劣势，但军队武器装备精良，训练有素，战斗力很强，而且军队指挥统一，以逸待劳。反观卢伽尔扎吉西的军队，虽然人数众多，但指挥不统一，成分复杂，素质参差不齐，主力又在拉格什征战多日，没有得到充分的休息和补充，已成疲惫之师。而且拉格什人并未屈服，扎吉西是腹背受敌。在战争中，萨尔贡显示出杰出的军事才能，以少胜多，大败苏美尔联军。他用套狗的绳子拴在被俘虏的卢伽尔扎吉西的脖子上，牵到神庙里，当作献给恩利尔神的祭品活活烧死。

战胜卢伽尔扎吉西后，萨尔贡乘胜进攻，率领军队继续南下，深入苏美尔各地，经过34次战争，先后战胜了拉格什、乌尔、乌鲁克等城邦，征服了苏美尔，第一次统一了两河流域，建立了强大的阿卡德王国。接着，他继续东征西讨，征服了埃兰（今伊朗库齐斯坦一带）、小亚细亚东部、叙利亚、阿拉伯半岛东岸等地，自称“天下四方之王”或“大地之王”。

萨尔贡在征服了苏美尔后，几乎全盘接受了苏美尔的楔形文字和宗教。他以10日行程范围作为1个行政区，派王族子弟和归顺的苏美尔贵族担任总督。他统一了度量衡，大力兴修水利，建立了庞大的灌溉网络，大力发展商业，使阿卡德王国成为当时世界上最富强的国家。

萨尔贡对苏美尔人的征服是有记载的历史上第一次游牧民族对定居的农业文明的征服。在以后的4000多年里，类似的征服在世界各地还发生了许多次，古代史的很大一部分就是由这些入侵构成的。

印度哈拉帕文化

摩亨佐·达罗的舞者

古印度和古埃及、古巴比伦、古代中国并称为古代四大文明古国。古代的印度人民在印度河流域创造了辉煌灿烂的文明。印度河全长3200千米，河水丰沛，印度河冲积平原土地肥沃，适合农业生产，为古印度文明的产生和发展提供了有利的条件。

古印度指今天的印度、巴基斯坦、孟加拉、不丹、尼泊尔等南亚次大陆的国家合称。中国在西汉时称它为“身毒”，东汉时称“天竺”，唐朝时才称它为“印度”。

印度的远古文明直到1922年才被印度考古学家发现。因为遗址最先在哈拉帕（今巴基斯坦旁遮普省境内）发现，所以古印度文明通称为“哈拉帕文化”。由于发现的遗址主要集中在印度河流域，因此又称为“印度河文明”。“哈拉帕文化”陆续发现了250多处遗址，分布的区域十分广大，东起今印度的北方邦，南达今印度的古吉拉特邦，西到今巴基斯坦的俾路支省，北抵今巴基斯坦的旁遮普省，北部以哈拉帕为中心，南部以摩亨佐·达罗（今巴基斯坦信德省境内）为中心，东西约1550千米，南北约1100千米，面积超过古埃及和苏美尔文明的总和。

哈拉帕文化存在的时间约在公元前2500～前1750年，大体上与我国文献记载的夏朝（公元前21～前16世纪）同时。

一般认为，哈拉帕文明的创造者是印度的原始居民达罗毗荼人，但也有专家认为是从中亚侵入印度的雅利安人，还有的认为是来自西亚的苏美尔人。根据遗址中出土的人骨和各类人像分析，专家们发现当时印度河流域的居民有蒙古利亚人种、原始大洋洲人种和地中海人种等。由此可知，哈拉帕文明是几个种族的人共同创造的文明。

从遗址的发掘来看，哈拉帕文明属于青铜时代的城市文明，哈拉帕和摩亨佐·达罗两座城市的面积和布局很相似，其中摩亨佐·达罗保存得更完整。摩亨佐·达罗城占地约85万平方米，人口大概有3万～4万人，城市分为卫城和下城两部分。卫城有护城河和城墙，城墙上建有塔楼，还有公共建筑和大型粮仓。城中心有一个大水池，专家分析这可能与城中居民举行宗教仪式有关。下城的街道成南北或东西走向，或平行排列，或直角交叉，建筑物的墙角都砌成圆形。城中街道两旁的房屋一般用烧制的红砖砌成，排列非常整齐，分为居住区、商业区和手工业区，其中有住宅、店铺、饭馆等。从挖掘的墓葬来看，当时已经有了贫富分化。富人住在两三层的楼房里，庭院宽敞，甚至小孩子的玩具上都镶着金银珠宝。而穷人则住在低矮的简陋小屋里，只能使用由泥土和贝壳制的粗劣的生活用品。

哈拉帕文明遗址还出土了大量的铜器和青铜器，如斧、镰、锯、刀、渔叉等，表明当时人们已经学会了冶炼金、银、铜、青铜、铅等金属，但没有发现铁器。居民们以从事农业和畜牧业为生，农作物主要有大麦、小麦、棉花、椰枣等，牲畜主要有牛、羊、马猪等。

城市的繁荣使哈拉帕文明的商业盛极一时，国际贸易特别频繁。遗址里发现的大量文物充分证明了它与波斯、两河流域、中亚，甚至缅甸、中国都有贸易往来。在波斯湾的巴林岛（古代称为狄尔蒙）发现了许多哈拉帕文明物品，表明巴林岛在当时是美索不达米亚和印度河流域之间进行海运贸易的一个中转站。从楔形文字的记载和两河流域出土的文物来看，当时哈拉帕文明出口的商品主要有铜、木料（如柚木）、石料（如闪长石、雪花石膏）、象牙制品、天青石、红玛瑙、珍珠等。

哈拉帕文明已经出现了文字，主要刻在石头、陶器和象牙制成的印章上，但这种文字至今没有被解读。

哈拉帕文明存在了几百年之后逐渐衰亡，但衰亡的原因至今还不清楚。有的专家认为是遭到了雅利安人的入侵，因为城市中的巷道和房屋中发现了很多带有刀痕的骸骨，有的骸骨呈痛苦挣扎状，而且城市也遭到了毁坏。有的说是火山爆发，大量的泥浆把城市吞没。还有的说是过度开垦和放牧，导致土地退化，致使哈拉帕文明衰亡。

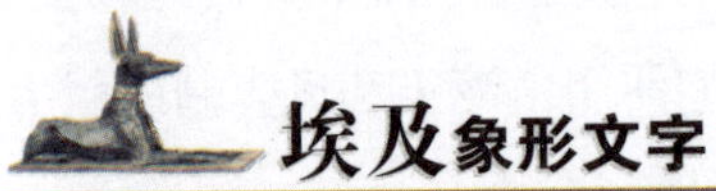

埃及象形文字

古埃及的象形文字大约形成于公元前3500年，它们是描摹物体形象的符号，所以被称为象形文字，古埃及人认为象形文字是月亮神的发明。象形文字通常被刻在神庙的墙上，主要是神庙中的僧侣（祭司）使用，所以古希腊人称它为“圣书”。古埃及中王国时期，开始以用细小的芦苇制成“笔”，在纸草上写字，由此象形文字出现了一种简化的僧侣体。公元前7世纪左右，僧侣体又演变出一种书写速度更快的世俗体，罗马统治期间又演化成科普特文字。

古埃及衰落后，埃及相继被波斯人、马其顿人、罗马人和阿拉伯人征服。这些统治者游览埃及的神庙等宏伟建筑时，在墙壁、石柱上发现了很多类似文字的图画，但他们对这些东西丝毫不感兴趣，所以根本不去研究它。到了公元4世纪，只有很少的埃及僧侣还能够读懂这些象形文字。公元391年，罗马皇帝狄奥多西一世下令，关闭罗马帝国境内所有的非基督教神庙，从此埃及再也没有建造过刻有象形文字的神庙，最后写下的象形文字的地方是埃及南方于公元391年修建的一座神庙。这批僧侣去世后，再也没有人认识这些文字了，象形文字变成死文字，完全被人们遗忘。虽然后来欧洲的旅行家在埃及挖掘了很多文物，带回了欧洲，但由于无法解读上面的文字，只能把它当成一种装饰品。就算有

长着朱鹭头的托特神代表着书写艺术。据说在开天辟地之时，他把文字引入埃及。早在公元前3100年，尼罗河两岸开始种植纸草，用它制成像羊皮纸一样的书写材料。

人对象形文字发表见解，也多是无根据的猜测。

1799年，拿破仑率领军队远征埃及。一个叫布夏尔的法国军官带领士兵在埃及的罗塞塔城挖战壕时，发现一块黑色玄武岩石碑。石碑上刻着3种文字，最上面的是古埃及的象形文字，中间的是古埃及的世俗体象形文字，下面是希腊文，这就是被后人称为“罗塞塔碑”的著名石碑。

法国的《埃及通讯》刊载了发现“罗塞塔碑”的消息后，立即引起了轰动。各国学者纷纷试图破译石碑上的象形文字。当时，有很多人懂希腊文，所以石碑上的希腊文很快就被读懂了。人们知道这块石碑刻写的内容是：公元前196年，古埃及托勒密王朝的法老托勒密五世在登基后不久，取消了古埃及孟菲斯城僧侣们所欠的税款，并为神庙开辟了新的财源，对神庙采取了一些保护措施。僧侣们为了表达自己对法老的感激之情，就写了一封歌功颂德的感谢信，用3种文字刻在这块黑色玄武岩碑石上。

人们虽然知道了罗塞塔石碑的内容，但却没有弄懂那些象形文字的意义。但石碑上同样的内容用3种文字记载，为释读古埃及象形文字提供了宝贵的钥匙。

“罗塞塔碑”引起了年仅11岁的法国语言天才让·法兰西斯·商博良的极大兴趣，他决心揭开古埃及象形文字之谜。经过20多年的努力，1822年，商博良终于破译了象形文字。这一研究成果的公布，标志着埃及学的诞生，商博良也因此被人们称为“埃及学之父”。到19世纪30年代，人们几乎完全破译了象形文字。

象形文字由表意文字、表音文字和部首文字三部分组成。表意文字是用图画来表示事物，大约有500～600个。表音文字也是一些图画，共有24个子音，构成了大量的双子音和三子音。部首文字类似汉字中的偏旁部首，主要作用是区分不同范畴的事物，绝大多数的象形文字都有部首文字。

象形文字最初仅仅是一种图画文字，后来发展成象形文字。它用图形来表示事物或概念，如表示水就画波浪线“≈”，星星就画“★”。还有一些表意字，如画许多小蝌蚪表示“多”，牛在水边奔跑表示“渴”。要写一个句子，那就把这些象形文字按一定的顺序排列在一起。比如一块纪念公元前3000多年前法老美尼斯统一埃及的石板上，刻着他用权杖打一个跪着的俘虏，俘虏上面有一只鹰，鹰的一只爪子抓着一根从俘虏鼻子穿过的绳子，另一只爪子踩着6棵植物，这表示美尼斯抓获了6000名俘虏。

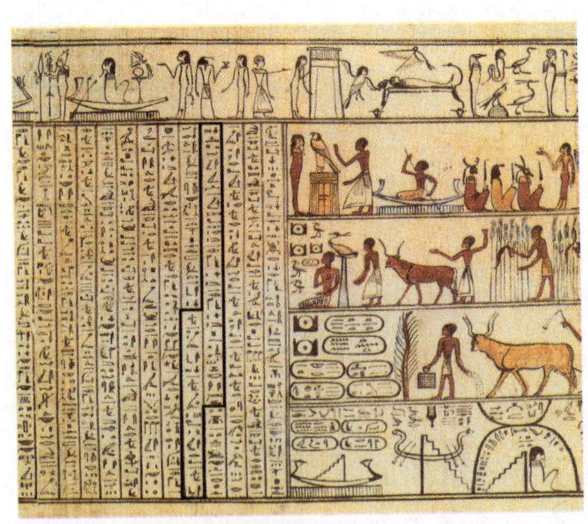

用象形文字写就的祭祀纸草

象形文字中的表意字多刻在神庙的墙壁上或石碑上，而僧侣体和世俗体则写在纸草上。所谓纸草就是尼罗河边生长的又宽又大的高秆植物，古埃及人把它割下后压平、晒干，就成了“纸草”。笔由细小的芦管制成，而墨汁则是用植物的浆液制成。古埃及人就是用这样的书写工具为后人留下了丰富的文化遗产。

最早的起义

自从商博良破译了古埃及的象形文字后，人们从大量的文献中了解了古埃及的历史。其中珍藏在欧洲的两个博物馆中的两部残缺不全的纸草卷文书，记载了爆发在古埃及的世界上最早的一次奴隶大起义，这次起义大概发生于公元前 1750 年。

公元前 2400 年左右，古埃及的古王国崩溃，又过了 300 多年，大约在公元前 2000 年，古埃及建立了中王国，定都底比斯。法老、贵族、祭祀和奴隶主们对内疯狂地压榨奴隶，获取了大量的财富；对外则发动侵略战争，掠夺邻国的财富。奴隶们再也无法忍受了，一场全国性的大起义终于爆发，同时参加的还有一些同样受剥削、同样活不下去的农民。

由于资料的欠缺，人们无法得知起义领袖的名字，甚至连起义过程的记载也不是很清楚。但从残存的文献上人们依然可以看出这次持续了 40 年之久的大起义的威力。

起义开始只是一些零星的、分散的暴动，最后才发展成为全国性的大起义。纸草卷上记载:“起义者势不可挡，像洪水一样包围了首都底比斯。法老的军队被击败了，龟缩到城中不敢迎战。”

“起义者在一小时之内就占领了底比斯城，闯入王宫中大肆抢劫，财宝被抢劫一空，然后四处放火，火光冲天，王宫的大门、石柱、屋子等统统被烧毁，昔日富丽堂皇的王宫只剩下一些残垣断壁……”

“竟然发生了不可思议的事情，法老被起义者抓走了……”

“各地的官员都逃跑了，王宫里的官员都被赶出来，他们威严扫地。”

“昔日庄严肃穆的大审判庭竟然变成了一个任人出入的地方，穷人毫无顾忌地穿梭其中。”

“那庄严肃穆的审判庭啊，昔日神圣的法令被起义者随意扔在地上，抛到十字路口，人人践踏，贱如废纸。法官毫无尊严地被赶到全国各地去了。”

“富庶的尼罗河三角洲在哭泣，因为国王的粮仓已经被起义者占领，变成了穷人们的财产了。穷人们纷纷取走其中的粮食。”

“起义者抢走了富人们的财产，分发给穷人们。富人们遭受了重大损失，哭泣不止，而穷人们则欢天喜地。”

“他们（起义者）做成了铜箭，用血来强求面包，法老的军队一败涂地。”

“全国像制作陶器时的轮子一样旋转起来，所有的人都被卷入其中……”

从文献中我们可以看到，起义军只是沉重打击了统治者，剥夺了统治者的财富，但没有建立自己的政权，而且在经济建设方面也毫无建树，没有发展生产，全国发生了大饥荒。

文献还记载了这些情况：“大河几乎要干涸，河床里的土地比河水还多，人们可以涉水过河。”

“所有的农田里的庄稼都枯萎了，没有人种植、灌溉。人们没有衣服，没有食物，没有油脂，没有奶油……人们食不果腹、衣不遮体，饱受饥饿和寒冷的折磨……”

鹰神荷鲁斯栖息在国王哈夫拉的御座上

起义者虽然推翻了法老和奴隶主贵族的反动统治，但没有建设自己的新生活，胜利如同昙花一现般短暂。埃及各地的奴隶主贵族们重新集合力量，向起义者发起了反攻，起义失败了。法老和贵族们又回到了首都底比斯，重新修建了富丽堂皇的王宫，恢复了昔日的荣华富贵。而奴隶和农民依旧终日劳作，受着残酷的剥削。

这次大起义严重削弱了古埃及的实力，亚洲的喜克索人乘虚而入，侵入埃及。喜克索人乘着马车作战，速度很快，旋风般冲入埃及队伍中，冲乱了埃及人的阵形，然后大肆砍杀。埃及人乱作一团，纷纷逃跑。喜克索人又乘胜追击，埃及人死伤惨重。当时的埃及人还不会使用战车作战，只有步兵，而步兵根本无法抵挡冲击力极强的马车。喜克索人占领了埃及大片的领土，掠夺了大量的财富和奴隶，成了埃及的主人。直到150年后，底比斯的统治者阿摩西斯向喜克索人学习，建立了强大的战车部队，并对侵略者们发动了一系列的反攻，才将他们全部赶出埃及，收复了失地，建立了新王国。

《汉谟拉比法典》

古巴比伦王国是继阿卡德王国之后两河流域出现的又一个强大的奴隶制国家，第六代国王汉谟拉比在位（公元前1792～前1750年）时，古巴比伦王国到达极盛，他自称“宇宙四方之王”。

刻有《汉谟拉比法典》的石柱

汉谟拉比每天在宫殿里要处理大量的申诉案件。由于古巴比伦王国地域广大，人口众多，所以案件堆积如山，汉谟拉比焦头烂额也应付不过来。他就把过去苏美尔人和周边其他一些国家、民族的法律收集起来，经过修改，再加上当时古巴比伦人一些约定俗成的习惯，编成了一部法典。汉谟拉比命令石匠把这部法典刻在石柱上，竖在首都巴比伦城的马尔都克大神殿里，让臣民们观看。这个石柱高2.25米，上部有一块浮雕，雕着两个人。坐着的是太阳神沙马什，站着的是汉谟拉比。他正在从太阳神手中接过象征着权力的权杖，表示自己的权力是太阳神授予的，人民必须服从他的命令，否则将受到神的惩罚。浮雕下面用巴比伦楔形文字密密麻麻地刻满了法律，一共282条，分51栏4000行，大约有8000多字。汉谟拉比在法典的序言中写道：“安努与恩里尔（古巴比伦的神）

为人类造福，命令我，荣耀而敬神的国王，汉谟拉比，发扬正义，消灭邪恶不法的人，恃强而不凌弱，使我如同沙马什一样，统治百姓，光耀大地。”

当时古巴比伦的统治阶级是奴隶主，被统治阶级是自由民和奴隶。法典上的法律条文主要就是处理三者之间的关系的，处理的原则是以牙还牙、以眼还眼。比如两个人打架，如果其中的一人被打瞎了一只眼睛，按照法典的规定，对方的一只眼睛应该被弄瞎。但是，法典对奴隶主、自由民、奴隶有着不同的规定：如果奴隶主把自由民的眼睛弄瞎，那么只要赔偿银子 1 迈拉（重量单位）就没事了。如果把奴隶的眼睛弄瞎了，则无须任何赔偿。如果奴隶不承认他的主人，而主人拿出这个奴隶属于自己的证明，那么这个奴隶就要处以被割去双耳的刑罚，如果奴隶打了自由民的嘴巴也要割去双耳。自由民医生给奴隶主治病，如果在开刀的时候奴隶主死了，那么医生就要被砍掉双手。

这部法典还体现了一定的公正精神。比如它规定如果有人“打了居高位的人嘴巴”，那么执法者只能给予犯罪人“鞭笞六十”的处罚，而不能按照“居高位的人”的意愿或执法者自己的意愿去随心所欲地处罚。

法典不鼓励告密，其中的一、三、五条规定：“如果一个自由民控告另一个自由民杀人，但是经查证是诬告，那诬告者处以死刑。”“如果一个法官做出了判决，但后来又更改了判决，那么将被处以原诉讼费 12 倍的罚金，并撤销其法官的职位。”

为了巩固奴隶主的统治，法典还有一些严厉的条款：逃避兵役者一律处死；破坏桥梁水利者将受到严惩甚至处死；帮助奴隶逃跑或藏匿逃亡奴隶，一律处死；如果违法的人在酒店里进行密谋，店主没有把这些人捉起来，店主要处死。

另外法典还很有人情味，例如：“如果某人领养了一个婴儿，并将他抚养成人，孩子的亲生父母不能将他领回。”“如果一位贵族因为妻子不能生养而要离婚，那么要先偿还她出嫁时所付出的全部代价和所有嫁妆。”“如果丈夫出远门，但没有留下足够的养家费用，妻子可以改嫁。”

法典中甚至还有这样在今天看来很荒唐的规定：如果泥瓦匠给人盖房子，房子塌了，压死了这家人的儿子，那么泥瓦匠要用自己的儿子抵命！还有一些法律条文很有趣，比如法典规定：“如果没有抓获强盗，遭抢劫者在神灵的面前发誓并说出自己的损失，发生抢劫案的地区的官员需偿还遭抢劫者损失。”“如果死了一个人，地方官员亦须付银子1迈拉给死者亲属。”

《汉谟拉比法典》是世界上第一部较完备的成文法典，广泛地调整着当时的古巴比伦社会生活的各个方面，使古巴比伦王国成为古代东方奴隶制国家中统治最严密的国家之一。

腓尼基人环航非洲

腓尼基人是一个相当古老的民族，生活在地中海东岸，大致相当于今天的黎巴嫩和叙利亚沿海一带，曾创造过高度文明，在公元前10～前8世纪达到鼎盛。

历史上，腓尼基人开创了举世瞩目的航海业，这跟他们所处的地理环境有很大关系。腓尼基人居住的地方，前面是浩瀚的大

腓尼基的玻璃瓶

腓尼基人擅长制作玻璃制品，例如花瓶和珠宝。他们把沙子和纯碱混合成糊状，然后加上染料在高温下烧制。

海，背靠高大的黎巴嫩山，没有适宜耕作的土地，注定了腓尼基人不能成为农耕民族。他们转而发展手工业，制造出精美的玻璃花瓶、珠宝饰物、金属器皿及各种武器等。要拿这些手工制品与异域民族产品进行交易，就需要腓尼基人在汹涌澎湃的大海上闯出一条路来。

于是，勇敢的腓尼基人驾驶自制的船只向茫茫的地中海开进了。据说，腓尼基人是从埃及人和苏美尔人那里学到的造船工艺。所造的船船身狭长，前端高高翘起，中部建有交叉的桅杆，两侧设双层樯橹，通体看起来轻巧、结实。这种船主要靠船桨划行，有时也能拉起风帆，可同时搭载 3 ~ 6 人。大概由 8 ~ 10 只船组成一支船队。英国大不列颠博物馆珍藏一幅反映腓尼基船队航海盛况的浮雕，栩栩如生地刻画了腓尼基人航海情况。

腓尼基人凭借高超的造船技术和娴熟的驾船技巧，怀着无比坚定的决心，航行到地中海的每一个港口，同当地的居民做各种各样的交易。腓尼基人自产的一种红紫色染料有着很好的销路，以至于古希腊人称腓尼基为“绛紫色的国度”。根据后来史学家考证，腓尼基商人并不局限于地中海，他们的商船队曾经一度穿过直布罗陀海峡，进入波涛汹涌的大西洋，至今该海峡还有以腓尼基神命名的坐标——美尔卡尔塔坐标。腓尼基人由此向北直达今法国的大西洋海岸和英国的不列颠群岛；向南侧一直航行到非洲南端的好望角，据说他们还曾环绕整个非洲航行。

在北非，至今流传这样一个故事：古埃及的法老尼科召见了几位腓尼基航海勇士，对他们说："你们腓尼基人自称最善于远航，真是如此吗？你们要说'是'，那么现在你们就进行航行，从埃及出发，沿海岸线一直向前，要保证海岸总在船的左侧，最后回到埃及来见我。到时候我有重赏，如果你们觉得做不到，就实说，我也不惩罚你们，只是以后不要妄自吹嘘善远航了。"法老知道想开辟新航道，要冒很大风险，觉得腓尼基人不会真的去做。没想到这些腓尼基人慨然允诺，接受挑战，而且很快组织起一支船队出发了。3年过去了，他们杳无音讯，法老以为这几个狂妄的腓尼基人早已葬身鱼腹。万没料到3年后的某一天，这几个腓尼基人真的回到了埃及。开始尼科不相信他们，但他们一五一十地向法老讲了沿途见闻，还献上收集到的奇珍异宝，最后法老终于折服了。

腓尼基人环非洲航行，堪称人类航海史上的一次壮举。当时欧洲流行的说法是：大西洋就是世界的尽头，没有人能穿越直布罗陀海峡。但伟大的腓尼基航海勇士却跨越地中海，北抵英吉利，南过好望角，进入印度洋，无愧于世界航海业开拓者的称号。

腓尼基人的航海取得了丰硕的成果，具有十分重要的历史意义。首先，他们为自己建立了海上霸权，垄断了航路和贸易。他们在地中海沿岸建立一系列商站殖民地，其中很多商站发展成著名商城，进而成为强大的城邦国家，如北非的迦太基城（今突尼斯）就一度威胁罗马人。其次，腓尼基人的远航为后来的世界航行提供了第一手航海资料和宝贵的经验，同时扩大了世界各地经济联系和文化交流。

米诺斯的迷宫

传说在远古的时代，大海中有一个克里特岛，由一位叫米诺斯的国王统治着。米诺斯的儿子安得洛革斯在雅典参加奥运会时被人谋杀，为了给儿子复仇，米诺斯派兵攻打雅典。神也降罪于雅典，城中到处都是灾荒和瘟疫。雅典人被迫向米诺斯求和，米诺斯要求雅典人每隔 9 年送 7 对童男童女到克里特岛。

为什么米诺斯要雅典人送童男童女呢？原来米诺斯在克里特岛建了一座巨大的迷宫，迷宫纵横交错，进去根本别想出来。在迷宫里，米诺斯养了一只人身牛头的吃人怪物——米诺牛。雅典每次送来的 7 对童男童女都要给米诺牛吃，雅典人深受其害。

26 年后，米诺斯派人到雅典索要第三次贡品——7 对童男童女，童男童女的家长和他们的孩子抱头痛哭。雅典国王爱琴的儿子提修斯看到人们遭受不幸，心中深感不安。他要求和童男童女一起出发，前往克里特岛，决心杀死米诺牛。

在雅典人的哭声中，载着包括提修斯在内的 7 对童男童女的帆船缓缓驶航，

克里特母神

这位神是米诺斯宗教的核心。落在头上的鸽子象征着她的神圣，手中紧握着扭动的蛇则是提醒信徒记起她与地狱的联系。

驶向克里特岛。临别前，提修斯和父亲约定，如果杀死了米诺牛，返航时他就把船上的黑帆换成白帆。

提修斯领着童男童女在克里特岛上岸后，来到米诺斯的王宫。在米诺斯国王验收时，他的女儿——美丽聪明的阿里阿德涅公主对英俊潇洒的提修斯一见倾心，与他约会，向提修斯表达了自己的爱慕之情，提修斯也非常喜欢公主。当公主知道提修斯的使命后，表示愿意帮助他杀死米诺牛，并送给他一把威力无边的魔剑和一个线球。

提修斯率领童男童女进入迷宫后，将线球的一端系在迷宫的入口处，然后拿着线团，边走边放线，经过蜿蜒曲折的走廊，进入迷宫。在迷宫深处，提修斯发现了吃人的怪物米诺牛，和它展开了激烈的搏斗。他敏捷地跳起来，一手抓住米诺牛的牛角，一手拿着阿里阿德涅公主给的魔剑，奋力刺进米诺牛的胸膛，将它杀死。然后提修斯率领带着童男童女，沿着来时留下的线终于走出了迷宫。

为了防止米诺斯国王的追击，他们凿沉了克里特岛港口所有的船，然后乘着他们来时的帆船返航。提修斯本想带着公主一起回雅典，但这时神要求提修斯必须放弃自己的爱情，否则将惩罚他。提修斯无可奈何，只好将公主留在岛上。沉浸在悲伤之中的提修斯忘了与父亲的约定：将黑帆换成白帆。经过几天的航行，他们回到了祖国雅典。国王站在悬崖上望眼欲穿，等待儿子归来。当他看到归来的帆船仍然挂着黑帆时，以为儿子被米诺牛吃掉了，悲痛欲绝，于是跳海自杀。为了纪念这位爱琴国王，人们就把那片海叫作爱琴海。而那头被提修斯杀死的米诺牛，被神升到了天

米诺斯王宫遗址壁画
湿壁画是一种绘于泥灰墙上的绘画艺术，这种创作手段是米诺斯文明的主要艺术形式。

上，成为冬夜星空中的金牛座。

这个神话故事被《荷马史诗》和其他文学作品大加描写，人们对米诺斯迷宫非常神往，但大都认为那只是个神话罢了。后来，一个叫阿瑟·伊文思的英国儿童听了这个神话后，深深着迷，立志长大后找到米诺斯迷宫。

1900 年，已经成为考古学家的阿瑟·伊文思率领考古队来到了爱琴海中的克里特岛，寻找传说中的米诺斯迷宫。经过 3 年的发掘，阿瑟·伊文思终于在克里特岛的克诺索斯附近一座叫作凯夫拉山的缓坡上发现了米诺斯王宫的遗址，找到了传说中的米诺斯迷宫。迷宫的墙上有许多壁画，壁画色泽鲜艳，内容丰富。其中有一幅壁画画着斗牛的内容，和神话中所说的迷宫里吃童男童女的人头牛身怪物米诺牛的故事隐隐相符。

地下迷宫的发现，让人们见识了公元前 15 世纪克里特岛曾有过的灿烂文明。这个文明发源于公元前 2600 年左右，于公元前 1700 年左右达到全盛，公元前 1450 年左右突然消失。考古学家认为，当时克里特岛发生了强烈的地震，造成了巨大的损失和人员

·欧洲名称的传说·

传说腓尼基公主欧罗巴在长满鲜花的草地上与姑娘们玩耍，离姑娘们不远的地方有一群牛在安静地吃草。一头白色的大公牛，朝公主欧罗巴走来，温顺地让欧罗巴骑在背上。突然，大白公牛如飞一样奔跑，越过大海。第二天傍晚，来到一个岛上，在一棵大树下停住，欧罗巴跳下牛背，忽见一个伟健的男子站在面前，向她求婚。原来这头大白公牛是不可征服的神——宙斯的化身。欧罗巴做了宙斯的妻子，生了几个儿子。这块大地也以欧罗巴的名字命名，它就是欧洲。先民们以石灰石浮雕记录下这美丽的传说。

伤亡，后来又发生了内战，实力大损。北方的希腊人乘机占领了克里特岛，克里特文明灭亡。

铁列平改革

赫梯王国是上古时期西亚地区的一个强国。

赫梯王国最初的领土仅有小亚细亚东部的哈里斯河（今土耳其基齐尔－伊尔马克河）中上游一带，最初的居民是讲赫梯语的哈梯人（又称原始赫梯人）。这里地处高原，雨量很少，不适合农耕，所以哈梯人主要从事畜牧业。大约在公元前2000年左右，中亚大草原的涅西特人迁徙到小亚细亚，征服了当地的哈梯人，并与之融合，形成了赫梯人。他们的语言是涅西特语，也称赫梯语。赫梯王国多山，矿藏（银、铜、铁等）丰富，具备发展金属冶炼的有利条件，引起邻国亚述的垂涎。公元前19世纪，亚述人在赫梯王国境内建立了许多的殖民地城邦。

在公元前18世纪，赫梯人建立了几个城邦，并且互相攻打，争夺霸权。其中最大的城邦有库萨尔、涅萨和察尔帕。经过长期的征战，库萨尔王阿尼塔征服了涅萨，俘虏了涅萨王，并定都于此。后来阿尼塔未经战斗，便使普鲁汗达王投降，至此库萨尔成为实力最强的赫梯城邦，为赫梯王国的雏形。随后，赫梯王国开始对外侵略扩张，将亚述人的势力全部排挤出小亚细亚。阿尼塔的继承人拉巴尔纳一世继续征服其他城邦，拉巴尔纳一世的孙子穆尔西里一世时将首都迁到哈梯人的城邦哈图萨斯（今土耳其波尔兹科伊），这标志着涅西特人和哈梯人最终融合。

赫梯人的牧鹿形银制礼仪用饮水杯

公元前1600年左右，穆尔西里一世率军南下，攻克了喜克索人在叙利亚建立的城邦哈尔帕，不久喜克索人就在埃及和赫梯的南北夹击下崩溃，赫梯人乘机占领了叙利亚和巴勒斯坦。此时，古巴比伦王国已经衰落，赫梯人不断南下抢掠，令古巴比伦王国不胜其扰。公元前1595年，赫梯人攻克巴比伦城，将财宝洗劫一空，古巴比伦王国灭亡，赫梯回师时又击败了胡里人。从此赫梯威名远震，疆域东至两河流域北部，南达叙利亚，西到地中海，北抵库麦什马哈什河，成为西亚地区的一个大国。

赫梯人每征服一个地区，就派赫梯王国的王子前去统治，所以那里的居民就被称为“王子们的奴隶”。在赫梯王子们的残暴统治下，赫梯统治者和当地居民矛盾很深，终于导致了“王子们的奴隶”起义，但起义在穆尔西里一世和各地王子的联合镇压下失败。

赫梯王室内部矛盾也很尖锐，为了争夺王位，常常自相残杀，连穆尔西里一世都被他的弟弟所杀，赫梯王国在内战和各地的叛乱中度过了几十年。公元前16世纪末，铁列平即位。为防止王室骨肉相残和贵族争权夺利，保持国家稳定，铁列平不得不进行改革。改革的主要内容为确定王位继承人制度，铁列平规定，王位应由国王的儿子按长幼顺序来继承，即长子优先，然后才轮到其他的儿子。如果没有儿子，那王位就要由国王长女的丈夫继承，其他人均无权继承王位。这就确立了王位的世袭制，防止了王室的自相残杀和贵族的篡位野心。

他还规定由贵族会议保证王位继承法的贯彻执行。王子犯法，不能株连他的亲属，也不得剥夺他们的财产和奴隶。不经贵族议会同意，国王不能杀害任何一个兄弟姐妹，王室的内部纠纷由贵族会议裁决。铁列平改革标志着赫梯国家形成过程的完成，使赫梯王

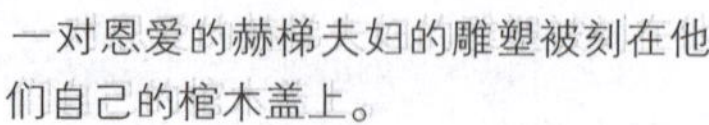

一对恩爱的赫梯夫妇的雕塑被刻在他们自己的棺木盖上。

权得到巩固，国势日益强盛。公元前15世纪末至公元前13世纪中期，是赫梯王国最强盛的时期。

当时埃及也是中东地区的一个强国，两国为了争夺叙利亚地区，展开了长期的争霸战争。公元前1299年，埃及法老拉美西斯二世亲率由战车和步兵组成的军队攻入巴勒斯坦，准备夺取叙利亚，赫梯国王穆瓦塔尔率领十几个西亚小国的联军在卡迭石迎战。赫梯人在黄昏时偷袭了埃及人，埃及人猝不及防，损失惨重。后来由于法老预备队及时赶到，埃及人才避免了全军覆没。赫梯人进攻受阻，被迫撤走，埃及人由于伤亡过大，也无力追赶。双方只好讲和，赫梯国王把公主嫁给埃及法老，两国实行和亲。赫梯人在一块银板上面雕刻着双方结束战争、缔结和约的条文，来到埃及首都孟菲斯，两国签订和约。这是我们所知道的有记载的历史上第一个国际条约，称为“银板和约”。

长期与埃及争霸，大大消耗了赫梯的国力。公元前13世纪末，“海上民族”入侵地中海东岸地区，被赫梯征服的小国也纷纷起兵反抗，赫梯王国瓦解，首都哈图萨斯被焚毁。公元前8世纪，残存的赫梯王国被亚述帝国所灭。

楔形文字

就在古埃及人使用象形文字记录他们的历史的同时，两河流域南部的苏美尔人也在正在使用他们发明楔形文字记录苏美尔文明的辉煌。

公元前2500年的一天清晨，太阳从东方升起，照耀着苏美尔人的城邦尼普尔。城中的贵族子弟们吃过早饭后，骑着马或乘着车在仆人的陪同下来到城中心神庙旁的学校上课。早来的学生正在温习昨天学的知识。他们拿着厚厚的“书”——重约1公斤的泥板——大声地朗读，拿着“笔”——削尖的芦苇秆或木棒——在半湿的泥板上练习写字。

阿卡德语写就的一块泥板
公元前2350年后，操阿卡德语的民族控制了美索不达米亚的大部分地区。

泥板上早已划好了一个个整齐的格子，学生们拿着笔一笔一画认真书写。由于泥板很松软，所以芦苇秆和木棒在书写时，落“笔”处印痕比较深、比较宽，提“笔”处比较狭、比较窄，文字的每一划头尖尾宽，形状很像木楔，所以这种文字就叫楔形文字。英语cuneiform一词，是cuneus（楔子）和forma（形状）两个单词构成的复合词，“楔形文字”这个名称就来源于此。

不一会儿，老师走进了教室。老师是一位穿羊毛短衣、圆脑袋、短脖子，头发和胡子都刮得光光的中年男人。他走上讲台，清了清嗓子，对下面的学生们说：“同学们，现在我们开始上课。”老师拿出一块半湿的泥板，在上面写了一个“牛”字和一个“山”字。一个学生奇怪地问道：“老师，你写的第一个字是牛，第二个字是山。可这两个字合在一起是什么意思啊？”老师说：“你想想啊！不是家里养的牛，山上的牛是什么牛啊？”那个学生恍然大悟，说：“是野牛！”老师笑着说：“不错！不错！你很聪明。对，这个字就是野牛的意思。”

老师又写了一个“鸟”字和一个“蛋”字，然后问学生：“大家猜一猜，这是什么字？”学生们都陷入了冥思苦想之中。过了一会儿，一个学生说：“噢！老师！我猜出来了，是‘生’！”老师赞许地点了点头说：“对了。其实我们苏美尔人的很多字都是两个字组合在一起的。比如‘天’字加‘水’就是‘雨’字，‘眼’字加‘水’字就是‘泪’字。”

老师微笑着看了学生们一眼，提起笔在泥板上写了一个“足”字和“犁”字。学生们齐声说：“老师，这两个字我们已经学过了，是‘足’字和‘犁’字啊。”老师说：“不错，是‘足’和‘犁’字。但‘足’字除了可以表示足的意思之外，还可以表示‘行走’和‘站立’的意思。而‘犁’字除了表示‘犁’之外还有‘耕田’和‘耕田的人’的意思。这是一字多义，大家要记住啊。另外‘箭’字还有‘生命’的意思，它们的发音也相同，大家在使用时一定要注意。大家都是男的，在写自己的名字时应该在前面画一个倒三角形作为标记，表示你是男人。”

“下面我讲一讲我们苏美尔人的书写规则。”老师继续说道，“在很多年以前，我们的书写规则时从右向左、从上向下书写的。但是这样手臂和袖子很容易把刚刚写好的字抹掉，所以我们现在就改为从左往右书写，这样就不会再出现那种情况了。”

“老师，我们的文字好复杂啊，真让人头疼啊！”学生们愁眉苦脸地向老师诉苦。

“不要紧！大家多加练习就一定能掌握。”老师笑着说。他拍了拍手，几个奴隶抬着很多块大泥板走了进来。

“这块是词汇表，发音相同的词汇都写在这上面。大家如果搞不清楚可以来看看，也可以抄下来回家复习，这都是拼写的规范。”老师说，“这一块是植物名称表，这一块是动物名称表，这一块是矿物名称表，这一块是地理名称表……”

学生们开始埋头在泥板上抄写。过了一会儿，一个学生说：“老师我抄完了。”老师走过去一看，说：“你的字写得很好，将来肯定是一个合格的书吏。现在你把你写的拿到太阳地下晒干，然后再放在火上烤烤，就是一本很好的书了。”

除了苏美尔人以外，亚洲西部的阿卡德人、埃兰人、胡里安人、赫梯人、乌拉尔图人、巴比伦人、亚述人等许多民族也使用楔形文字。随着巴比伦和亚述的强大，楔形文字成为西亚地区的通用的国际文字，但巴比伦和亚述的灭亡，加上这种文字极为复杂，公元1世纪时就消亡了。

《吉尔伽美什》史诗

《吉尔伽美什》是人类历史上第一部史诗，是古代两河流域文学作品的代表作。早在4000多年前就在苏尔美人的口中代代流传，到了古巴比伦王国时期才以文字的形式记载下来。

史诗的主人公吉尔伽美什是乌鲁克城（今伊拉克南部）的一位英雄。他“三分之二是神，三分之一是人”，力大无比，四处闯祸。后来他成了乌鲁克城的统治者，更加不可一世，荒淫暴虐，人民苦不堪言，纷纷向天神哭诉。于是天神派恩奇下凡，去制服吉尔伽美什。恩奇是一个浑身长毛，生活在草原上整日与野兽为伍的半人半兽的野人。他心地善良，经常帮助野兽逃脱猎人的追捕。后来，他听到吉尔伽美什的事，就来找他决斗。

两人展开了激烈的搏斗，最终不分胜负，惺惺相惜，他们结成了莫逆之交。从此，吉尔伽美什弃恶从善，两人开始携手为乌鲁克的人民造福。他们打死了吃人的狮子，做了很多好事。

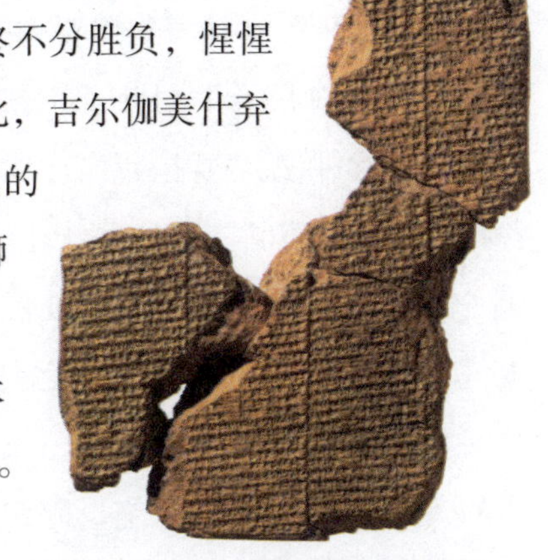
记述史诗《吉尔伽美什》的一块泥板

乌鲁克四周是一片平原，树木很少，人民建造房屋时缺少木材。吉尔伽美什和恩奇就一起来到森林里为人民伐木。但森林里住着一个叫芬巴巴的妖怪，不让他们砍树。两人与妖怪展开大战，终于将它杀死。在回去的路上，一位女神从天而降，来到吉尔伽美什的面前，说："请过来，做我的丈夫吧，吉尔伽美什！如果你接受了我的爱情，就能享受无尽的荣华富贵。"原来吉尔伽美什斩妖除魔的英雄行为赢得了女神的爱慕。但吉尔伽美什非常讨厌女神，严词拒绝了她的求爱。女神觉得受到了莫大的侮辱，气冲冲地飞回天上，派了一头天牛前去报复吉尔伽美什。

这头天牛庞大无比，非常凶残，能口吐烈火，一下子就能烧死几百人，老百姓深受其害。吉尔伽美什和恩奇非常气愤，拳脚雨点般地打在天牛身上，它很快就奄奄一息了。女神看到后，急忙下凡前来抢救天牛，但为时已晚，天牛已经被两位英雄打死了。

女神见自己的报复计划失败了，坐在乌鲁克的城头痛哭不止，吉尔伽美什和恩奇却哈哈大笑。恩奇把天牛的一条腿撕下来，随手扔到女神的脸上，溅了她一脸污血。

恩奇大笑这说："你听着，要是我抓住了你，就像对付这头牛一样对付你！"女神气得脸都白了。

恩奇又刨开天牛的肚子，拽出天牛的像绳子一样又粗又长的肠子，对女神说："要是我抓住你，就用天牛的肠子把你捆起来！"女神气得浑身发抖，飞回了天上。

回到天上后，女神向神仙们哭诉。女神的父亲天神安努非常生气，决心为女儿报仇。他施展法力，使恩奇得了重病，变得又瞎又聋，还受到噩梦的折磨，没过多久就死了。一直守护在他身旁的吉尔伽美什伤心欲绝，眼泪像瀑布一样流了下来，同时也开始对死亡产生了无限恐惧。

在埋葬了好友之后，吉尔伽美什决心去寻找人类的始祖、大洪水中唯一幸存的人乌特·纳比西丁，向他请教永生的秘密。

人们劝他："你是找不到人类始祖的，还是不要去了。"吉尔伽美什不听，穿越了大沙漠，躲过了大蝎子的攻击。没有路的时候，他就钻进地洞，继续赶路。一天，吉尔伽美什来到大海边，在一位渔夫的帮助下乘船来到了人类始祖的居住地——幸福之岛。

"人为什么要死呢？"吉尔伽美什问人类始祖乌特·纳比西丁。

·《吉尔伽美什》史诗的发现·

19世纪中叶，大英博物馆的乔治·史密斯在亚述古都尼尼微挖掘出《吉尔伽美什》史诗的12块泥板。后经学者们整理，到20世纪20年代，史诗的翻译和注释已基本完成，我国也出版了中译本。《吉尔伽美什》史诗的泥板现藏于英国大英博物馆。

“孩子，世界上哪有不坏的房屋？哪有永不分离的兄弟？上天规定每个人注都是要死的。”乌特·纳比西丁回答道。

“那你怎么没有死？”

“当年大洪水暴发前，一个好心大神提醒了我，所以我没有死，后来就成了人类的始祖。”

“那怎样才能永远不死呢？”

“海底有一株青春草，吃了后可以永生。”

吉尔伽美什听了大喜，告别了人类始祖乌特·纳比西丁，跳入海中，采到了青春草。当他正想吃掉时，忽然想起了乌鲁克城中的善良百姓，决定把青春草带回去，让大家都长生不老。

在回去的途中，吉尔伽美什把青春草放在泉水边，自己跳进去洗了个澡。当他爬上岸时，发现青春草不见了。他急忙四处寻找，只见一条老蛇正在吞食青春草，吉尔伽美什急忙跑过去，老蛇却蜕掉了一层皮，精神焕发地逃走了。吉尔伽美什只好垂头丧气地回乌鲁克去了。

《吉尔伽美什》语言优美，情节曲折，生动地反映了当时的人们探索生死奥秘的愿望和希望掌握自己命运的理想，是世界文学宝库中的珍品。

图特摩斯三世

图特摩斯三世（公元前 1516 年 ~ 前 1425 年），是古埃及新王国第十八王朝时期一位以尚武著称的法老（公元前 1479 年 ~ 前 1425 年在位），后世的历史学家称他为“第一个曾经建立具有任何真正意义的帝国的人，也是第一位世界英雄”。

图特摩斯三世出生于公元前1516年，他是图特摩斯二世和一个叫伊西丝的后妃的儿子。图特摩斯二世体弱多病，所以他的异母妹、王后哈特谢普苏特掌握了实权。哈特谢普苏特认为图特摩斯三世没有纯正的王室血统，不能成为法老，但是图特摩斯二世只有这一个儿子。公元前1504年，图特摩斯二世去世，年仅12岁的图特摩斯三世即位。王后哈特谢普苏特趁他年幼，大权独揽。4年后，太后暗令阿蒙神庙祭司假传神谕篡位，图特摩斯三世被迫退位，进入阿蒙神庙学习。在阿蒙神庙中，图特摩斯三世如饥似渴地学习，成为一个知识渊博的人。

后来，太后允许他参军。图特摩斯三世经过刻苦练习，成为一个武艺高强的人。他善于骑马射箭，令将士们非常佩服。他从不过问政治，平时也沉默寡言。太后为进一步考验图特摩斯三世，让他率军远征古埃及南部的努比亚（今苏丹）。他指挥有方，大获全胜，凯旋时献上缴获的奇珍异宝，并立即交出兵权。从此，太后不再对他存有戒心。图特摩斯三世趁机训练了一支由自己直接掌控的25000人的军队。

埃及的西亚属地叙利亚和巴勒斯坦在米坦尼王国支持下突然

·图特摩斯三世的陵墓·

图特摩斯三世去世后，埋在了帝王谷中。为了防范盗墓贼，墓室的入口建在了悬崖上。陵墓内的线条构图十分漂亮，柱子上刻着精美的图案，整个陵墓像一幅巨大的纸草卷画轴。后来陵墓还是被盗了，庆幸的是他的木乃伊由于及时抢救而幸免于难。

古埃及谷物收获图

宣布脱离埃及独立。太后大惊失色，急忙调兵遣将，准备平叛。图特摩斯三世乘机率军发动政变，杀死太后和她的亲信，夺取了王位。为了报复太后，让她从历史上消失，图特摩斯三世下令将所有太后的石像和刻有太后名字的纪念碑销毁，想把她留下的痕迹从埃及大地上彻底抹去。

图特摩斯三世亲政后，面对的第一拨敌人是西亚以卡捷什国王为首、一共有 330 个王公和他们的部下参加的反埃及同盟。公元前 1482 年 5 月，他亲率大军向卡捷什联盟发起了进攻，双方在巴勒斯坦北部重镇美吉多城展开决定性的战斗。在出征前，埃及军队到美吉多有三条道路可以选择：第一条路是经“大马士革大道”向东，到基松河后再转向北，而后从山路到达美吉多，但这条路路程太长，图特摩斯三世放弃了；第二条路是经阿鲁那抵达美吉多南部，卡捷什同盟军认为埃及军队将从这条路进攻，所以在城南布下重兵。显然，如果埃及军队经此路进攻，必将损失惨重。图特摩斯三世进过深思熟虑后，决定进行一次大冒险，选择另一条崎岖的山路绕到美吉多城北，从背后出其不意地发起攻击。

但这个计划遭到保守的将军们的反对，图特摩斯三世非常生气，说："如果谁害怕，那就回埃及去。"于是将军们不再说话了。黎明时，埃及军队出发，图特摩斯三世走在军队的最前面，经过一天的急行军，埃及军队在傍晚抵达美吉多城北，而联盟军丝毫没有觉察。

第二天早上，图特摩斯三世把埃及军队分为一支中间部队和两支侧翼部队，向卡捷什同盟军发起进攻。埃及军队弓箭手在前，步兵居中，最后是500辆快如疾风的骏马驾驶的战车。进攻时，弓箭手们射出一排排遮天蔽日的利箭，联盟军死伤无数，阵形大乱。图特摩斯三世看准时机，命令战车以排山倒海之势发起猛攻。当埃及的战车接近联盟军的战车时，士兵们在统一号令下同时弯弓搭箭，射向联盟军。联盟军车阵大乱，埃及步兵随后赶上，配合车兵作战。战场上到处是翻倒的战车、马匹和士兵的尸体，到处可以听到敌人伤兵痛苦的呻吟。如果此时埃及军队乘胜进攻，那么美吉多城必定唾手可得。但埃及士兵只顾抢夺联盟军留下金银财物，掠取战利品和捆绑俘虏。结果，一些联盟军士兵逃到城墙下抓住城上守兵扔下来的绳索，逃回城去。

图特摩斯三世只好下令围城，埃及人砍光了城郊果园中的果树，断绝了城中的粮食和水源，联盟军被迫投降，西亚再次臣服于埃及。

图特摩斯三世在位期间，共取得了17场战役的胜利，后世的历史学家称他为"埃及的拿破仑"。他在位期间，埃及的版图东起西亚地区，南至努比亚境内的尼罗河第四瀑布，西至利比亚，北抵幼发拉底河上游的卡赫美士城，成为历史上第一个地跨北非和西亚的大帝国。

迈锡尼的狮子门

《荷马史诗》中记载了这样一个神话故事：有一天，小亚细亚（今土耳其）特洛伊的王子帕里斯到希腊城邦斯巴达访问，斯巴达王举行盛大的宴会欢迎他。斯巴达的王后海伦，世界上最美丽的女人，也出席了宴会。帕里斯被海伦的美貌迷得神魂颠倒，而海伦也非常喜欢年轻英俊的帕里斯。为了占有海伦，帕里斯趁斯巴达王外出之时，拐带海伦，乘船逃回了特洛伊。

斯巴达王认为这是个奇耻大辱，就去找他的哥哥迈锡尼国王阿伽门农商量。阿伽门农邀请了很多希腊城邦的国王来开会，会上大家一致决定组成希腊联军，由阿伽门农率领，跨过爱琴海，讨伐特洛伊，夺回海伦。

迈锡尼建筑中的狮子门，以宏伟坚固著称。

但就在出征前，阿伽门农在阿耳忒弥斯神庙杀死了女神的宠物鹿，触怒了女神。女神对阿伽门农说，只有用他的长女伊菲革涅亚来祭祀，才可以被宽恕，否则就要降罪

·迈锡尼文明·

公元前16~前12世纪，希腊人在继承了克里特文明的基础上，创造了迈锡尼文明。迈锡尼在与特洛伊的战争中元气大伤，被北方的多利亚人（希腊人的另一支）所灭。1999年，联合国教科文组织将迈锡尼古城遗址列入世界文化遗产。

于希腊。

阿伽门农不顾妻子克丽滕涅斯特拉的苦苦哀求，毅然杀死长女伊菲革涅亚，然后率领希腊联军跨海东征。战争持续了整整10年，希腊联军和特洛伊人打得难分难解。最后，希腊人想出一条妙计，他们假装失败，乘船退到海上，留下一匹巨大的木马。特洛伊人以为希腊人被打败了，欣喜若狂，将木马作为战利品运回城内。因为城门太矮，特洛伊人拆掉一段城墙才将木马运进城里。然后，他们开始庆祝胜利，又唱又跳，个个喝得烂醉如泥。深夜，藏在木马肚子里的希腊人纷纷跳出来，而海上的希腊人也杀了个回马枪，里应外合，一举攻克了特洛伊，将它夷为平地，夺回了海伦。

阿伽门农娶了特洛伊公主为妾，率军回到了阔别已久的故乡迈锡尼。但他万万没有想到，等待着他的竟是死亡。原来，他的妻子仍然怨恨他杀害女儿，就与堂弟私通，密谋杀死阿伽门农。

阿伽门农回国后，在豪华的宫殿中举行了盛大的晚宴，他的妻子与堂弟便趁机将其杀死，阿伽门农的儿子逃走。8年后，阿伽门农的儿子长大成人，与姐姐一起杀死了母亲和舅舅，为父亲报了仇。

古希腊悲剧家埃斯库罗斯在他的著名悲剧《阿伽门农》中讲述了这个悲惨的故事，这个父杀女、妻杀夫、子杀母的悲剧千百年来震撼了无数的人。

但历史上是否有迈锡尼这个国家？是否有阿伽门农这个人呢？如果有，那迈锡尼的遗址在哪里？阿伽门农的坟墓在哪里？公元前2世纪，希腊历史学家波桑尼阿斯曾经游览过迈锡尼的遗址，他在游记中写道："迈锡尼至今仍保留着的一部分城墙和狮子门……还有一座阿伽门农的陵墓……"

后世许多历史学家来到希腊伯罗奔尼撒半岛试图寻找迈锡尼的遗址，但都无功而返。1870年，坚信《荷马史诗》是真实历史并崇拜阿伽门农的德国考古学家施利曼和他的妻子在这一地带发掘，终于在1876年发现了迈锡尼遗址和阿伽门农的坟墓，向世人证实了《荷马史诗》中所叙述的特洛伊战争的真实性。

迈锡尼的遗址在一个高丘上，呈三角形，占地面积约3万平方米。遗址的城墙周长900米，城墙平均厚度达6米，都用巨石砌成，但目前只残存正门"狮子门"一段了。"狮子门"高4米，宽3.5米，门柱用整块的石头凿成；门柱子上有一块横梁，横梁上面放着一块三角形的大石板，石板中间雕刻着一个祭坛，祭坛上有一根石柱，石柱两旁各有一只雌狮子浮雕（雌狮子是迈锡尼宗教地母神的象征）。两只雌狮子的前爪搭在祭台上，昂首向天，呈怒吼状，威风凛凛。这个庄严肃穆的狮子门，历经3000年的风吹雨打依然屹立不倒，以至于后来的希腊人看到狮子门时，还以为是神话中的独眼巨人修建的呢。

在距离狮子门12米的地方，施利曼又挖掘出了阿伽门农的坟墓。阿伽门农的尸体旁摆放着镶金嵌银的武器，脸上罩着黄金面具，穿着黄金铠甲。接着，施利曼又发现了迈锡尼的王宫，找到了许多珍贵的文物。在施利曼等考古学家的努力下，湮没已久的迈锡尼文明在终于重见天日，向人们展现了它昔日的辉煌。

埃赫那吞的宗教改革

埃赫那吞原名阿蒙霍特普四世，是古埃及第十八王朝的法老阿蒙霍特普三世的儿子。

埃及阿蒙（埃及人供奉的神）神庙的僧侣自从图特摩斯三世时期起，势力不断膨胀。他们住在高大的神庙中，拥有大片土地和众多的奴隶，还经常干涉朝政，越来越不把法老放在眼里。

当时古埃及全国虽有一个主神阿蒙，但各地还有很多地方神和自然神，崇拜对象也很多，如土地、河流、雨水、泉水、风、雷、电和飞禽走兽等，甚至是一副弓箭、木制雕刻品、一块石头。

后来埃赫那吞的父亲阿蒙霍特普三世退位，埃赫那吞登基，成为埃及法老。埃赫那吞立刻颁布命令，将自己偏爱的希利奥波里城的地方神阿吞（太阳神）取代阿蒙成为全国最高的神，全埃及的臣民必须供奉新神，停止供奉其他的神。阿吞神的形象和其他神不同，它不是人或兽的样子，而是一个太阳，太阳中放射出许多手，象征太阳神的光芒。它是创造之神，宇宙之神，世间一切生命之源泉。埃赫那吞还自称是阿吞神唯一的儿子，他和王后尼弗尔提提是阿吞和人民之间的唯一传言人，因此和阿吞一起接受人民的崇拜。他还把自己的名字阿蒙霍特普（阿蒙的钟爱者的

奥西里斯原本是农业之神，可是当他被嫉妒的哥哥塞特杀死之后，就变成了地狱之神和重生之神。埃及人认为尼罗河每年的定期泛滥就是其妻子伊西斯纪念他的涕泣之泪。

意思）改成埃赫那吞（阿吞的光辉的意思），把王后改名为涅菲尔涅菲拉吞（美中之美是阿吞的意思）。过去祭祀阿蒙神有很多繁文缛节，埃赫那吞又下令将祭祀的仪式大大简化。阿吞神庙是一个露天的柱式大厅，祭祀的人们可以直接感受太阳神阿吞的照耀，直接和它进行交流，而不再像过去那样被阻隔在神庙的外面。

在全国推行新神取缔旧神的同时，埃赫那吞开始大力清除阿蒙神庙僧侣的势力。他下令关闭全国各地所有的非阿吞神庙；派大批军队将僧侣赶出神庙，强令还俗为民；将其他神庙的土地和奴隶全部没收，划归阿吞神庙所有；严禁僧侣参政，违反命令的僧侣立即处死。公共建筑物和纪念物上刻的阿蒙的名字必须立即凿掉，推倒一切阿蒙的神像。全国每个城市至少必须建一座阿吞神庙，庙中供奉阿吞神和埃赫那吞及王后的雕像，各级地方官员必须要带头向阿吞神庙献祭，并宣誓永远效忠于英明、伟大的造物主阿吞及法老和王后。

由于首都底比斯的守旧势力太大，埃赫那吞宣布将首都迁到底比斯以北300千米、尼罗河东岸的阿马纳摩，为新都定名为

“埃赫塔吞”（意为阿吞光辉照耀之地）。

埃赫那吞的宗教改革引起了阿蒙神庙的僧侣们极大的恐慌。看到自己的特权和财产被剥夺，他们急得如热锅上的蚂蚁，于是就请已退位的老法老阿蒙霍特普三世和太后劝劝埃赫那吞，停止宗教改革。

老法老和王后劝埃赫那吞说：“孩子，你废除了阿蒙，引起了很多僧侣的不满。现在整个埃及都在议论这件事，闹得沸沸扬扬的，国家已经到了动乱的边缘。你还是悬崖勒马吧！”

埃赫那吞说：“尊敬的父王母后，现在绝对不能停止！那些僧侣的势力太大了，嚣张跋扈，为所欲为，还经常干涉朝政，这样下去怎么行啊？如不改革迟早会酿成大祸的！我需要的是一群听从我的命令的僧侣，而不是和我争权的僧侣！”老法老和王后见他主意已定，就不再劝了。

那群僧侣见一计不成，又生一计。为了恢复他们失去的天堂，他们竟丧心病狂，决定刺杀埃赫那吞。

一天，埃赫那吞乘车出宫去阿吞神庙祭祀，突然有一个人跪在车前，说有冤情要向法老陈述。埃赫那吞命令那个人来自己的车前，派书吏去接状子。书吏还没有走到那人面前，那人猛地从状子中抽出一把锋利的匕首，刺向埃赫那吞。埃赫那吞大惊失色，急忙躲避。法老的卫士怒吼着用手中的长矛将刺客刺死。这件事以后，埃赫那吞更加坚定了宗教改革的决心。

公元前1362年，埃赫那吞病死。他的后继者很快恢复了旧的传统，阿蒙神又卷土重来，埃赫那吞的宗教改革以失败告终。

埃赫那吞死后，葬在阿马尔纳附近的山谷。由于埃赫那吞的改革触犯了僧侣的利益，他们将埃赫那吞的名字从建筑物上抹去，他的陵墓也遭到严重的洗劫和破坏。他的墓穴中的头像的左眼被挖掉了，装着他的内脏的瓶子也被砸烂。

银板合约

公元前 14 世纪，小亚细亚的赫梯人崛起。他们趁埃及因宗教改革发生内乱之机，先后从埃及手中夺取了中东的叙利亚和巴勒斯坦地区，又攻陷古巴比伦帝国的首都巴比伦城（今伊拉克首都巴格达）。埃及法老拉美西斯二世决定夺回失地。

公元前 1312 年的一天，赫梯国王穆瓦塔尔正在和王公大臣们开会，一位书吏跑进来对国王说："陛下，我们派往埃及的间谍回来了，他带回了重要情报！"

"陛下，大事不好！埃及人要来攻打我们！"间谍焦急地说。

"什么！？"间谍的话使在座的大臣们大吃一惊。

"说得详细一点！"国王很快从惊慌中冷静下来。

"埃及法老拉美西斯二世组建了阿蒙军团、赖军团、塞特军团和普塔赫军团四个军团，还有一部分努比亚人、沙尔丹人等组成的雇佣军，共 2 万多人，近日将进攻我国，企图夺回叙利

赫梯人的战车模型

这种战车广泛地被其他远东国家仿制，数个世纪里它在交战中起到决定性作用。

亚！”间谍一口气说完。

“大家商量一下，我们该如何应敌？”国王扫了王公大臣们一眼。

“埃及人远道而来，长途跋涉，士兵一定非常疲劳。我们应该坚壁清野，以逸待劳，坚守不出，诱敌深入，等埃及人兵疲马困的时候，再给他们致命一击，全歼敌人！”国王的弟弟哈吐什尔说。

“说得不错！”国王满意地点了点头。

经过仔细商议，赫梯国王和王公大臣们制定了扼守叙利亚要塞卡迭石，在城中结集重兵，以逸待劳，诱敌深入，待埃及人进入伏击圈后，再两翼包抄，最终围歼埃及人的作战计划。随后2万多赫梯人结集卡迭石城内外，等待埃及人的到来。

埃及法老拉美西斯二世坐在战车上踌躇满志，埃及的4个军团分成4个梯队前进。拉美西斯二世率阿蒙军团行进在最前面，赖军团、普塔赫军团和塞特军团紧跟其后。当埃及人行进到距卡迭石以南的萨布吐纳渡口时，法老的卫兵报告：“报告陛下，有两个赫梯人的逃兵前来投奔我们！”

两个赫梯人交代，赫梯主力还远在卡迭石以北百里之外，在埃及大兵压境的情况下，卡迭石兵微将寡，士气低落。叙利亚的王公们慑于埃及人的军威，都想归顺埃及。

“太好了！来人，传我的命令，我和卫队快速前进拿下卡迭石，其余的兵团继续前进。”法老说完，领着精锐的法老卫队向北狂奔而去。傍晚时，卡迭石已经遥遥在望了。法老命令就地扎营，明天一早入城。

法老正在营中做着入城的美梦，突然卫兵进来报告："陛下，抓住了两个赫梯人的探子！但他们嘴紧得很，什么都不说。"

"给我打！狠狠地打！"法老说。

不一会儿，被打得皮开肉绽的探子老老实实地交代了他们布置的一切。法老听后犹如五雷击顶，原来赫梯人已经趁夜将他们包围了。

拉美西斯二世

拉美西斯二世于公元前 1304 ~ 前 1237 年在位，他的这尊雕塑竖立在阿布辛贝神庙的前面。这是他建造的表现他的权威的许多纪念物之一。

"传令下去！立即向南突围！"法老焦急地喊。

埃及人呐喊着，向南拼死冲杀，赫梯人猝不及防，被杀得大败，士兵们四处溃逃。眼看法老就要逃出包围圈，赫梯人在国王的亲自指挥下发起了反冲锋，法老卫队的人数少，抵挡不住，被迫后退，赫梯人占领了埃及人的营地。法老急中生智，把自己养的宠物狮子放了出来，赫梯骑兵的马一见狮子，吓得扭头就跑。法老又命人大撒金银财宝，赫梯士兵一见，丢下兵器争抢财宝，乱作一团，法老趁机逃走。

赫梯国王杀了几个抢金银财宝的士兵，整顿了军纪，向法老发起了追击。正在着千钧一发之时，埃及的赖军团、普塔赫军团赶到了，双方展开了激烈的战斗，杀得难分难解，卡迭石城外尸骨如山，血流成河。赫梯人抵挡不住，只好撤退，但埃及人也无力追赶了。

卡迭石大战后，双方又进行了长达16年的战争，两国损耗巨大，无力再战，只好议和。

公元前1296年，赫梯国王死后，他的弟弟哈吐什尔即位，派出使团去埃及讲和。两国在埃及首都孟菲斯签订了和约。和约刻在一块银板之上，因此又叫“银板和约”。银板上写着“伟大而勇敢的赫梯国王哈士西尔”和“伟大而勇敢的埃及法老拉美西斯二世”共同宣誓互相信任，永不交战等内容。和约有18条，是留传至今的最早的一份战争和约。

刻在银板上的和约用赫梯语和当时通用的巴比伦楔形文字书写，法老又将和约内容用埃及象形文字刻在埃及卡纳克和底比斯神庙的墙壁上。后来在赫梯王国首都哈图萨斯遗址中发现了用巴比伦楔形文字书写的泥板副本。

图坦卡蒙墓的发掘

图坦卡蒙是古埃及新王国时期的法老，公元前1334～前1323年（一说公元前1336～前1327年）在位。他出身平民，因貌美被第十七代法老埃赫那吞选为驸马（一说是埃赫那吞的儿子），埃赫那吞死后继承王位。他原叫图坦卡吞，意思是“阿吞的形象”，后来改名为图坦卡蒙，意思是“阿蒙的形象”，说明他从崇拜阿吞神转为崇拜阿蒙神。公元前1334年，年幼的图坦卡蒙登基，19岁突然神秘地死去。他死以后，重臣埃耶继任为法老，并娶了他的王后。但不久大将军霍连姆赫布将埃耶杀死，成为埃及的法老。古埃及很多的建筑物、文献中，图坦卡蒙的姓名和徽号都被人为地抹去，这使得后世的人们对这位英年早逝的法老知之甚少，甚至连盗墓贼都将他遗忘了……

木乃伊面具

图坦卡蒙是死于3500年之前的一个法老。1922年，他的坟墓被发掘。紧裹着的木乃伊戴着一张黄金面具。木乃伊被置于一个三层的装饰精美的木制人形棺材里，最里面是石棺。

1922年秋天，英国考古学家霍华德·卡特和卡尔纳·冯伯爵率领一支考古队来到了古埃及法老陵墓最集中的帝王谷。帝王谷位于埃及古底比斯西南的德尔巴哈里山谷中，这里极为隐秘，人迹罕至。古埃及的法老们把自己的陵墓建在帝王谷两旁陡峭的悬崖上，陵墓完工后杀掉所有参与建设的人，所以知道这里的人很少。19世纪初期以来，欧美的考古学家纷纷来到这里，寻找数千年前的法老们的陵墓，但大都空手而归。1881年，德国考古学家布鲁斯在帝王谷的一个山洞里发现了一个巨大的墓葬群，里面有40多具古埃及法老的木乃伊，包括著名的雅赫摩斯一世、图特摩斯三世和拉美西斯二世，成为当时轰动世界的重大考古发现。

卡特和卡尔纳·冯伯爵等人整整考察了5年，才发现图坦卡蒙的陵墓。让他们惊奇的是，这位年轻的法老的陵墓保存得非常

图坦卡蒙的人形棺

完整，从来没有被盗墓贼光顾过。墓室的入口刻着一句令人毛骨悚然的诅咒："死神奥西里斯的使者阿努比斯，将会用死亡的翅膀接触打扰法老安眠的人。"图坦卡蒙墓室又窄又小，装饰也很潦草，墓穴的壁画上泼溅了许多颜料，好像还没有建好就匆匆下葬了。陪葬品也不是为他专门制作的，这些陪葬品上本来刻着别人的名字，被抹去后再加上图坦卡蒙的名字。他的木乃伊的制作也不像其他法老那样用防腐香料浸体，而是将成桶的香料倒在木乃伊上。但墓室中仍然有为数众多的珍贵的文物，是迄今为止出土文物最多的法老陵墓。图坦卡蒙的陵墓里出土的文物有镶着象牙的箱子、镀金扇黑檀扇、银喇叭、雪花石膏花瓶、雪花石膏碗、镶着宝石的金指环、项圈和手镯，每一样都价值连城。其中最珍贵的当数图坦卡蒙的金面具。

图坦卡蒙安息在4个大小相套的棺材里，棺材上都镶着各种名贵的宝石，刻着祝愿法老安息的象形文字，每副棺材里都填满了奇珍异宝。最外面的是镶着蓝色洋瓷的金木棺材，第二副和第三副都是色彩艳丽的人形贴金木棺材。最后的人形棺材长1.83米，用22K黄金打造，最厚的地方足有3厘米，重达110.9公斤！这个按照图坦卡蒙形象打造的人形棺材，两手交叉在胸前，右手拿着君主的节杖，左手拿着奥西里斯的神鞭，前额上宝石镶成蛇和鹰的形状。在古埃及，蛇是守护法老的神，鹰象征着“太阳神”荷鲁斯，据说它们能够喷出烈火消灭法老的敌人。当卡特等人打开最后一个棺材时，他们都被眼前的景象惊得目瞪口呆！图坦卡蒙的木乃伊用薄薄的布裹着，身上布满了宝石和护身符，戴着一个重达 11 公斤的金面具。金面具“额头”上雕刻着鹰和蛇，用纯金浇铸而成，刻画逼真，做工精巧、栩栩如生，面具由蓝色玻璃、石英石和黑曜石装饰而成，还刻有修剪齐整的胡须，重现了图坦卡蒙生前的面貌，堪称无价之宝。

在图坦卡蒙身边还并排放置了两个婴儿木乃伊，一具约有 5 个月，另一具显然是一出生就死了，她们都是图坦卡蒙夭折的女儿。除了金棺和金面具外，常常被人提及的还有 4 个雪花石膏罐子。雪花石膏罐子的盖子上印着是图坦卡蒙头像，里面放着法老的肝、肺、胃和肠子。

图坦卡蒙墓中的稀世珍宝仅清理造册就用了 4 年的时间，通过这些文物，人们了解到了公元前 14 世纪埃及法老殡葬的真实情况。

犹太王大卫

4000 多年前，一个叫闪族的游牧民族生活在几乎全是沙漠的阿拉伯半岛上，为了生存，他们赶着羊群从一个绿洲走到另一个绿洲。在阿拉伯半岛的北面，两河流域到地中海东岸宛如新月的弧形地区，被称为新月沃地。这里水量丰沛，土地肥沃，草木茂盛，尤其是地中海东岸的巴勒斯坦地区，更是被称为“流着牛奶和蜂蜜的土地”。闪族中一支叫希伯来（即以色列人）的部落为了夺取这片土地，和居住在这里的迦南人展开大战，结果被打得大败。

公元前1700年，因遭受严重的旱灾，希伯来人赶着羊群，来到了风调雨顺的埃及，受到统治埃及的喜克索人的优待，居住在尼罗河三角洲一带，变游牧为农耕。

希伯来人在埃及过了几百年的安定生活。不料，生活在尼罗河上游的埃及人打败了喜克索人，将他们全部赶出埃及。“城门失火，殃及池鱼”，希伯来人的地位一落千丈，成为奴隶。公元前1300年，埃及法老拉美西斯二世穷奢极欲，大兴土木，建造富丽堂皇的宫殿，强迫希伯来人从事艰苦的建造和运输工作。几十年后，拉美西斯病死，埃及四周的野蛮人和海盗纷纷入侵，烧杀抢掠，希伯来人在首领摩西的率领下，趁机越过红海，逃出埃及。经过辗转迁徙，他们来到巴勒斯坦一带定居下来。

当时巴勒斯坦除了迦南人以外，还有一支从海上迁徙过来的腓力斯人。为了生存，希伯来人同这两个民族展开了激烈的战斗。

公元前1000年的一天，希伯来人在国王扫罗（出身以色列部落）的率领下，在一个山谷和腓力斯人对峙。这时，从腓力斯军营中走出来一个叫哥利亚的壮汉。只见他身材高大，虎背熊腰，身披铠甲，手握长矛。他走到希伯来人的军营前，用长矛指着希伯来人说：“来啊，希伯来人！来和我决一死战！如果你们打败了我，我们腓力斯人就全当你们的奴隶。如果我打败了你们，你们就必须成为我们的奴隶！”希伯来人见哥利亚身材高大，都非常害怕，没有一个人敢前去迎战，连希伯来人的首领扫罗也面带惧色。一连几天，哥利亚都在希伯来人的军营前叫阵，腓力斯人也呐喊助威，大骂不敢迎战的希伯来人是胆小鬼。希伯来人又羞又怒，但始终没有一个人敢去迎战。

带领以色列人走出埃及的摩西

这时一个叫大卫的牧童来给在军营的3个哥哥送饭。他听到哥利亚的叫骂声后，问哥哥是怎么回事。大卫听完哥哥的讲述，非常生气，说："有什么好怕的？！让我去迎战，杀死那个狂妄的大块头，煞煞腓力斯人的威风！"

国王扫罗对他说："你还是个小孩子，而哥利亚是个大力士，你根本打不过他！"大卫轻蔑地说："没什么好怕的！我放羊的时候，一只狮子来吃我的羊，结果被我赤手空拳打死。难道哥利亚比狮子还厉害吗？"扫罗听了非常吃惊，同意他明天迎战哥利亚。

第二天早晨，大卫去小溪边捡了5块鹅卵石，拿着他的牧羊杖和甩石鞭，走到在希伯拉军营前叫阵的哥利亚面前。哥利亚见希伯来人派了一个牧童来迎战，不禁哈哈大笑，对大卫说："你们希伯来人都死绝了吗？怎么派了一个牧童来迎战？你要是不想死的话，还是回去放羊吧！"其他的腓力斯人也哈哈大笑起来。大卫平静地说："你攻击我，用的是长矛；而我攻击你，靠的是上帝。”

哥利亚大喝一声，舞动长矛，冲向大卫。大卫不慌不忙，掏出一块鹅卵石，放在甩石鞭上，然后奋力一甩。“嗖”的一声，鹅卵石像流星一样飞出，正中哥利亚的额头。哥利亚顿时血流如注，惨叫一声，倒地而亡。腓力斯人大吃一惊，希伯来人趁机杀出，大获全胜。

后来扫罗不幸战死，希伯来长老们经过商议，推举出身犹太部落的大卫为以色列犹太国王。

大卫登基后，率领军队从石头做的下水道中出其不意地攻占了迦南人的一个叫耶布斯的城市，并改名为“耶路撒冷”（意为大卫城或和平之城），作为以色列犹太王国的首都。

大卫在位约40年，打败了周围很多民族。当时，犹太王国国土空前辽阔，盛极一时。

荷马和《荷马史诗》

荷马是西方古代最伟大的史诗作家，他创作了欧洲历史上最早的文学作品《荷马史诗》。大约公元前9～前8世纪，荷马出生在古希腊爱奥尼亚。他自幼双目失明，但听觉异常灵敏，且有一副好嗓子。8岁时，出于爱好也是为了谋生，他跟从当地著名的一名流浪歌手学艺。经过多年的勤学苦练，荷马成了一名十分出色的盲人歌手。

老师去世后，荷马背着老师留下的七弦竖琴独自一人到各地卖艺。他四处漂泊，几乎踏遍了希腊的每一寸土地。每到一处，他一边弹琴，一边给人们吟唱自己创作的史诗。他的诗在七弦竖琴的伴奏下，美妙动听，情节精彩，很受人们的欢迎。几年下来，荷马成了一个家喻户晓的人物。其他歌手见荷马的史诗那么受欢迎，也争相传唱。这样，荷马的史诗便在民间广泛流传开来。到公元前6世纪中叶，雅典城邦的统治者组织学者把口头流传的荷马史诗整理成文字，就是现在人们读到的《荷马史诗》。

荷马与诸神　浅浮雕

在这个公元前2世纪晚期以“荷马之神化”著称的浅浮雕中，诗人端坐在浮雕底部左侧的王位上。在“神话神”“历史神”率领、“物理神”“自然神”陪伴下，这些戏剧人物走向荷马献上祭牲。浮雕上部，宙斯和阿波罗被刻画成和众缪斯在一起，反映了诸希腊化王国对文学不断增长的兴趣。

《荷马史诗》包括《伊利亚特》和《奥德赛》两部分，共48卷。《伊利亚特》共24卷，15693行，以特洛伊战争为题材，反映了希腊氏族社会转折时期的社会生活图景。特洛伊是小亚细亚西北部的古城，地处海运交通要冲，相当富庶繁荣。传说那里国王的儿子伊罗斯建造了一座坚固的城堡，因此特洛伊又名伊利昂，意思是“伊罗斯的城堡”。而《伊利亚特》的名称就由此而来，意思是“伊利昂之歌”，它讲述的是希腊人对特洛伊的远征中的一场最重要的战役。希腊联军统帅阿伽门农抢了阿波罗神庙祭司的女儿，阿波罗为此用神箭射死了很多希腊人，并把瘟疫降临到了希腊军营。勇猛善战的希腊英雄阿基里斯坚决要求阿伽门农释放祭司的女儿，后来遭到了阿伽门农的羞辱。大怒之下，阿基里斯拒绝出战，希腊人因此屡战屡败。这给了特洛伊人喘息的机会，他们的统帅赫克托尔大举反攻，把希腊人打到了海边，并要乘势烧毁希腊人的舰船。危急时刻，帕特洛克罗斯借用阿基里斯的盔甲和盾牌扰乱了特洛伊人的斗志，并击溃了他们的进攻。但就在反攻到特洛伊城门的时候，赫克托尔杀死了帕特洛克罗斯，并夺走了盔甲和盾牌。亲密战友的死让阿基里斯非常悔恨，他重新上阵，杀死了赫克托尔，为帕特洛克罗斯举行了隆重的葬礼。

《奥德赛》共24卷，12110行，描写的是特洛伊战争结束后，希腊英雄、伊大卡国的奥德赛国王返回故乡和复仇的经历。战争结束后，奥德赛和他的同伴因为遇到风暴而开始了在海上的10年漂流生活，他们先后遇到了食枣人、吃人的独眼巨人、风

·天神宙斯·

宙斯是希腊神话中的主神，克洛诺斯和瑞亚之子，第三任神王，掌管天界，是奥林匹斯山的统治者。宙斯以贪花好色著称，奥林匹斯的许多神和希腊英雄都是他和不同女人生下的子女。他以雷电为武器，维持着天地间的秩序，公牛和鹰是他的标志。他的兄弟波塞冬和哈得斯分别掌管海洋和冥界；女神赫拉是宙斯的最重要的一位妻子。

宙斯的象征物是雄鹰、橡树和山峰；他最爱的祭品是母山羊和牛角涂成金色的白色公牛。宙斯作为天空之神，掌握风雨等各种天象，霹雳、闪电等是他用来向人类表达自己意志的手段。他掌管人间一切事务，与命运之神混同，但有时他自己也不得不听从命运的支配。

神和仙女吕普索等人，并被吕普索强留了7年。后来，在大海女神的帮助下，他们漂到了法雅西亚国王的岛上，法雅西亚国王最后帮助他们返回了家乡伊大卡岛。在奥德赛漂流的最后3年中，有100多人聚集在他的家中，向她美丽的妻子珀涅罗珀求婚，但遭到拒绝。这些人终日在王宫宴饮作乐，挥霍奥德赛的财产。奥德赛回到伊大卡岛后，先和儿子见了面，然后化装成乞丐进了自己的王宫，借机逐个杀死了向他妻子求婚的人，夺回了自己的财产，最后与珀涅罗珀团聚，重登伊大卡国的王位。

公元前6世纪的双耳陶罐 上面的画面再现了《伊利亚特》中的一个情节：希腊武士、英雄阿喀琉斯和埃阿斯正在掷鹄骰游戏。虽然两人看上去都专心致志于游戏之中，但都手执长矛，严阵以待，随时准备重新开启对特洛伊的战争。

《荷马史诗》规模宏大，构思巧妙，结构严谨，语言生动形象，所写人物栩栩如生，具有极高的文学价值。2000多年来，《荷马史诗》一直在西方的古典文学中享有崇高地位，被认为是欧洲文学的源头。西方许多诗歌、戏剧、小说都取材于《荷马史诗》，专门研究《荷马史诗》的著作也不计其数。《荷马史诗》也是一部反映古希腊从氏族公社时期过渡到奴隶制社会的社会史、风俗史，在历史、地理、考古学和民俗学方面都有很高价值。这部史诗歌颂了许多英雄人物，肯定了人的尊严和价值，体现了人文主义的思想。由于创作了伟大的《荷马史诗》，荷马名扬千古。

古印度的种姓制

公元前2000年左右，中亚的游牧民族南下，进入印度河中游一带，征服了当地的土著居民达罗毗荼人。这些征服者肤色较白，自称“雅利安人”，意为出身高贵的人，以区别于皮肤黝黑的达罗毗荼人。

由于征服者雅利安人有天生的种族优越感，于是他们将肤色黝黑的达罗毗荼族视为劣等种族。再加上雅利安人内部贫富分化，就逐渐形成了种姓制度。“种姓”一词在印度的梵文中就是颜色或品质的意思，后来这种制度又与印度教相结合。

在这一制度下，古代印度人被分为4个种姓：婆罗门、刹帝利、吠舍和首陀罗。前一种姓高于后一种姓，他们的权利、义务、职业都不相同。

婆罗门是祭司阶层，他们出身于雅利安人中的僧侣阶层，掌握神权，主持祭祀，负责占卜祸福，社会地位最高，能主宰一切。刹帝利是雅利安人的军事贵族，包括国王和各级武士、官吏，掌握国家除神权之外的一切权力，是世俗的统治者。婆罗门和刹帝利是高级种姓，属于统治阶级，他们占有社会的大部分财富，依靠剥削其他两个种姓为生。吠舍是雅利安人的中下阶层，是普通的劳动者，主要从事农牧业、手工业和商业。他们是自由民，向国家缴纳赋税。首陀罗是被征服的达罗毗荼人，也有贫困的雅利安人，从事手工业和农牧业，他们是奴隶阶层。

各个种姓之间等级森严，界限分明，职业世袭。各种姓之间绝对不能通婚，如果不同种姓的男女通婚，他们和他们所生的子女不属于任何种姓，被称为贱民，也叫不可接触者。贱民在4个种姓之外，地位最低，最受鄙视和压迫，只能从事那些被认为是最低贱的工作，在农村中当雇农或在城市中抬尸体、清理粪便与垃圾、屠宰、洗衣、清扫等。他们的身体和他们用过的东西都被视为是最龌龊的，不能与婆罗门接触，不能与其他种姓的人共用一口水井、共进同一座寺院。婆罗门如果接触了贱民，则认为是一件倒霉的事，回去之后要举行净身仪式。贱民要佩带特殊的标记，出去时手里要敲打一些破瓦罐之类的东西或嘴里要不断发出特殊的声音，提醒其他种姓的人及时躲避。

婆罗门教主神梵天

梵天创造世界，有四脸四臂，能眼观四面八方，是至高无上的神。图中的他骑在一只野鹅上，飞翔的野鹅象征着灵魂的解放。

为了维护高种姓的利益，婆罗门宣称把人分为4个种姓是梵天（造物主）的意志。印度教的圣经《吠陀》中说，梵天用他的嘴造出了婆罗门，用双手造出了刹帝利，用双腿造出了吠舍，用双脚造出了首陀罗。婆罗门僧侣还宣称：凡是安分守己的人，来世才能升为较高种姓，否则就会降为较低种姓。

4个等级在法律面前是不平等的，如果刹帝利辱骂了婆罗门，要罚款100帕那(古印度货币单位)；如果吠舍骂了婆罗门，就要罚150到200帕那；要是首陀罗骂了，那就要用滚烫的热油灌入他的口中和耳中。如果婆罗门骂刹帝利，只罚款50帕那；骂吠舍，罚款25帕那；骂首陀罗，罚款12帕那。高级种姓的人如果杀死了一个首陀罗，仅用牲畜赔偿，或者简单地净一次身就没事了。

为了镇压吠舍和首陀罗两个低种姓的反抗，婆罗门和刹帝利还制定了许多残酷的刑罚。比如，低种姓的人如果用身体的某一部分伤害了高种姓的人，就必须将那一部分肢体砍掉。比如，动手的要砍手，动脚的要砍脚。

每个种姓都有处理自己种姓内部的事务的机构，以监督本种姓的人是否严格遵守规定和传统习惯。如果有人触犯了，轻则由婆罗门处罚，重则开除出本种姓，沦为贱民。

被开除出种姓的人成为贱民后，只能居住在村外，远离其他种姓，和其他贱民生活在一起。贱民只能和贱民通婚，不仅他们要从事低贱的工作，而且他们的后代子孙也要从事低贱的工作。

森严的种姓制度

印度的种姓制度沿袭了许多世代，而且越来越复杂，演变出了数以千计的亚种姓。“萨蒂制”产生于种姓制度。“萨蒂”印度语意为“寡妇自焚为丈夫殉葬”，如图所示。

·《奥义书》·

《奥义书》是婆罗门教的一部哲学著作。它有很多部，是父传子、师传高徒的密义。此派哲学认为“梵”为世界的本质，万物均从此而生，“我”即灵魂，乃梵之化身，住于人和一切生物体内。《奥义书》的要旨即梵我合一，梵即我，我即梵。《奥义书》和在其以后出现的哲学六宗（胜论派、正理派、数论派、瑜伽派、弥曼差派、吠檀多派），均为婆罗门系统的正统哲学。《奥义书》则是所有宗派中最高的权威著作。

印度的种姓制度实质上是一种阶级制度，在人民之间制造隔阂和对立，阻碍了社会经济的发展，严重削弱了印度的民族凝聚力，是造成印度屡次被外族征服和印度社会发展迟缓的重要原因之一。

军事强国亚述

亚述人是居住在两河流域北部（今伊拉克摩苏尔地区）的一个由胡里特人和塞姆人融合而成的民族，他们长脸钩鼻、黑头发、毛发较多、皮肤黝黑。

亚述人的四周都是强大先进的民族，屡屡遭到他们侵略和压迫，曾先后被苏美尔人、赫梯人统治。为了生存，亚述人形成了强悍好斗的习性。亚述人的居住地有丰富的铁矿，他们在掌握炼铁技术后学会了铸造铁兵器，武器装备比周边其他民族的装备要精良得多。苏美尔人、赫梯人衰落后，亚述人乘势而起，开始四出征伐。

公元前 8 世纪时，亚述人建立了强大的军队，军队分为车兵、骑兵、重装步兵、轻装步兵、工兵、辎重兵等。亚述军队装备精良、训练有素，在与周边的民族作战时，他们将各兵种进行编组，互相配合，发挥最大优势，战斗力倍增。如果在行军中遇到河流，亚述人就把充气皮囊连在一起，铺在河面上，一直铺到对岸，在上面再铺上树枝，很快就建成了一座浮桥，使军队可以迅速通过。在攻城时，面对高大的城墙，当时很多民族都望而兴叹，束手无策，但亚述人拥有先进的攻城槌，可以将敌人的城墙撞塌，还有可以投掷巨石和燃烧的油桶的投石机。

凭借强悍的士兵和精良的装备，亚述人征服了大片的领土。公元前 732 年，亚述人又南下击败叙利亚人，包围了叙利亚的首都大马士革。他们将俘虏的叙利亚将军绑在木桩上，打得皮开肉绽，血肉模糊，然后带到大马士革城外，企图吓倒叙利亚人。但叙利亚人凭借高大坚固的城墙拼命抵抗，誓死不降。

这是一幅刻在亚述宫墙上的浮雕，再没有什么比与雄狮竞斗这种血腥的体育运动更令亚述国王兴奋了。

亚述王发怒了，一声大喝："把投石机推上来！"士兵们将数十辆投石机推到大马士革城下，然后将巨石和点燃的油桶放在投石机上。投石机上有特制的转盘，士兵们转动转盘，绞动用马鬃和橡树皮编成的绳索。转盘飞快地旋转，士兵们猛一松手，绳索一下子放开，巨石和燃烧的油桶呼啸着飞向大马士革的城墙。"轰！轰！"巨石打在城墙上，尘土飞扬，顿时出现了几个大洞。油桶飞到城内，引燃了很多房屋，引起一片恐慌。

公元前13世纪的亚述石碑

亚述王图库尔蒂–尼努尔塔一世在书写之神纳布的祭坛前向文字表示敬意。

看着千疮百孔的城墙，亚述王得意地哈哈大笑。"把投石机推下去，换攻城槌！"亚述王又下了一道命令。士兵们迅速将投石机撤下，又把攻城槌推了上来。攻城槌是一辆大车，大车上有高大的架子，用铁链悬挂着一根巨大的原木，原木的一端是尖锐的铜头，另一端是一根又粗又韧的皮带。亚述人推着攻城槌来到大马士革城下，叙利亚士兵慌忙向下发射带火的箭，"嗖！嗖！嗖！"火箭像雨点一样射向亚述人和攻城槌。亚述人举起盾牌，挡住了火箭。弓箭手们弯弓搭箭，向城上射去，许多叙利亚士兵中箭坠城，剩下的人纷纷躲到城墙后面。亚述人扑灭了射在攻城槌上的火箭，拉动皮带，然后猛地放手。攻城槌带着巨大的冲击力撞向已经千疮百孔的城墙，"轰隆！轰隆！"眼看城墙就要倒塌了。叙利亚人心急如焚，他们垂下一个大钩子，企图将攻城槌钩翻。亚述人见状，蜂拥而上，抓住大钩子，用力向下拉，城墙上的叙利亚人惨叫着摔下城墙。几十个攻城槌一起撞击城墙，巨大的声音好像天上的雷声。不一会儿，大马士革的城墙坍塌了。

“冲啊！”亚述王大喊。身穿铠甲，头戴铁盔，手拿盾牌和利剑的亚述士兵咆哮着，呐喊着，像洪水一样从城墙的缺口处冲入城内。叙利亚人仍不投降，他们与亚述人进行了激烈的巷战，终因寡不敌众而失败。亚述人把俘虏的成年叙利亚男子集中起来，敲碎他们的头颅，割断他们的喉咙，抢走他们的财产和妻女，焚烧他们的房屋。

经过几代人的征战杀伐，亚述帝国的疆域东达波斯湾，南到尼罗河，西抵地中海，北至高加索山，成为一个疆域辽阔的大帝国。由于亚述人的统治极其残暴，激起了被征服的各民族的强烈反抗。公元前 612 年，米底和巴比伦联军攻陷了亚述首都尼尼微，最后一个亚述王自焚而死，亚述帝国灭亡。

斯巴达的教育

古希腊是由很多城邦组成的。所谓城邦，就是以城市为中心，连同周围的农村组成的国家。古希腊最强大的城邦是雅典和斯巴达。斯巴达位于希腊南部的伯罗奔尼撒半岛的拉哥尼亚地区。拉哥尼亚地区三面环山，一面临海，中间是土地肥沃的平原，适合农业生产，“斯巴达”原意就是“可耕种的平原”。大约在公元前 11 世纪，一支叫多利亚人的部落，南下占领拉哥尼亚，征服了当地的居民，并定居在这里，斯巴达人就是多利亚人。

斯巴达全国大约有 25 万人，分为三类：

第一种是斯巴达人，人数将近 3 万，属于统治阶级，占有土地和奴隶，不从事任何生产，只进行军事训练。

第二种是庇里阿西人（意为“住在周边的人”），人数约 3 万，受斯巴达人的统治，属于半自由民，有人身自由但没有公民权，不能参加选举等政治活动。他们居住在城市的周围，拥有土地、店铺，主要从事手工业和商业，给斯巴达人纳税、服役。

第三种人是希洛人，他们是拉哥尼亚的原始居民，被斯巴达人征服后成为奴隶，原来人数不多。后来斯巴达人又征服了邻邦美塞尼亚，将大量的战俘也归为希洛人，希洛人的人数大大增加了，大约有 20 万。希洛人是斯巴达的国有奴隶，不归个人所有。斯巴达人不能随意处死奴隶，但可以以国家的名义进行集体屠杀。他们被固定在土地上，从事农业劳动，每年将一半收成交给斯巴达人，过着食不果腹、衣不遮体的悲惨生活。

由于斯巴达人人数少，而奴隶众多，强敌环伺，为了防止奴隶反抗和外邦入侵，斯巴达实行了一种独特的政治制度，过着军事化的生活。他们实行“两王制”，就是国家有两个国王，但他们只有在打仗时才拥有无限的权力。打仗时，一位国王担任统帅，另一位国王留守。平时国家事务由 30 人组成的“长老会议”决定。

战斗中负伤的战士在包扎伤口

斯巴达人一生下来，他们的父母就用烈酒而不是水给他们洗澡，以检

斯巴达城邦陶瓶

瓶体上描绘了一位女性在哀悼死去的战士的情景。

验婴儿的体质。如果婴儿发生抽风或失去知觉，那就任他死去。进过检验之后，斯巴达人的父母还要把婴儿送到长老那里，那些有残疾、瘦弱的或长老认为不健康的婴儿，将会被扔到山谷中。之所以这样，是因为斯巴达人认为只有健康的婴儿才能成长为强壮的战士。

在7岁以前，斯巴达人和父母生活在一起。斯巴达的父母从来不对孩子娇生惯养，而是教育他们知足、愉快，不计较食物的好坏，不怕黑暗，不怕孤独，不啼哭，不吵闹。

7岁以后，斯巴达人离开家庭，编入少年团队接受严格的军事训练。队长是从年满20岁的青年中选拔出来的最勇敢、最坚强的人，孩子们要对他绝对服从，增强勇气、体力和残忍性。他们每天练习跑步、拳击格斗、掷铁饼、击剑等。为了训练孩子们忍耐性，每年的节日敬神时，都要鞭打他们。孩子们跪在神像前，让成年人用皮鞭用力抽打，不许求饶，不许喊叫，咬牙忍耐。到了12岁以后，训练更加严格。全年无论冬夏，只穿一件单衣，到了冬天他们还要脱光衣服到冰天雪地里跑步，不许打哆嗦，甚至不许表现出畏缩的样子。他们没有被褥，只有一块自己编制的芦苇草垫。他们的食物也很少，根本吃不饱，这是为了训练他们去偷窃——主要是庇里阿西人的食物。如果偷到了，会受到表扬，反之就会受到惩罚。传说有一位斯巴达少年偷了一只狐狸，为了不让人发现，藏在了衣服里。狐狸咬他，他强忍着不出声，最后被活活咬死。

到了20岁，斯巴达人就结束了教育阶段，成为正式的军人，开始接受正规的军事训练。斯巴达人的主要战术是方阵，这种战术不仅要求战士的勇敢，还要求相互配合和纪律严明，以保证在战争中进退自如。经过长达10年的训练，到30岁的时候，斯巴达人就可以离开军队结婚了，但还必须参加一个叫“斐迪提亚”的民兵组织，他们15人为一组，平时训练，一起出操，战时一起战斗，直到60岁退役。在战斗前，他们的母亲都会送给他们一面大盾，对他们说要么凯旋，要么战死躺在上面。

斯巴达人的独特的教育使斯巴达成为希腊数一数二的军事强邦。

大政治家梭伦

梭伦（约公元前630年～前560年），是古希腊著名的政治改革家和诗人，出身于雅典萨拉米斯岛的一个贵族家庭。年轻时他离家经商，到过许多地方，游览了众多的名胜古迹，考察了各地的风土人情，结识了许多希腊及世界各地的著名学者，获得了渊博的知识。在此期间，他还广泛接触了广大的平民，了解了社会的不公，这对他以后执政改革产生了重要的影响。

一次，他看见一个衣衫褴褛的乞丐站在街上乞求人们的施舍。一个富人走过来，乞丐急忙上前乞讨。谁知富人非但没有给他东西，反而厌恶地朝乞丐脸上吐了一口。这件事对梭伦刺激很大，从此以后，梭伦经常用自己赚来的钱接济穷人，这为他在平民中赢得了很高的声誉。

梭伦在游历中写过许多著名诗篇，他在诗中猛烈谴责、抨击贵族们的贪婪、残暴和专横，比如：“作恶的人能致富，而好人反倒受穷；但是，我们不愿用我们的道德和他们的财富交换，因为道德是永存的，而财富每天都在换主人。”这些诗篇为他赢得了“雅典第一位诗人”的美誉。

梭伦虽然出身于贵族家庭，但他却强烈反对贵族垄断国家大权，不满他们视国家大事为儿戏，不满他们随意判案、草菅人命，不满他们践踏法律的公正……他的内心深处充满了对公平和正义的渴望，希望能救民于水火。

雅典城的保护神——雅典娜

萨拉米斯岛位于雅典的出海口，是雅典进行海上贸易的重要中转站。邻邦麦加拉为了争夺萨拉米斯岛，同雅典展开大战，雅典战败。懦弱无能的雅典当局不思备战雪耻，反而发布公告严禁人们谈论收复萨拉米斯岛，违者格杀勿论。人们虽然不满，但慑于法令，都噤口不言。梭伦查阅了大量的文献资料，从历史传统、风俗习惯等各个方面考证出萨拉米斯应归属雅典所有，他对雅典当局的这种懦弱行为非常愤慨。为了唤醒雅典人的爱国热情，收复失地，同时避开不公正的法律制裁，他想出了一条妙计。

一天清晨，梭伦头戴花环，来到雅典的中心广场。只见他面色苍白，双手不停地击打胸部，嘴里还歇斯底里地大喊大叫。人们以为他疯了，纷纷围过来。梭伦见围观的人多了，便开始大声朗诵自己的诗篇《咏萨拉米斯》:“啊，我们的萨拉米斯，它是多么的美丽啊，我们是多么的留恋啊！让我们进军萨拉米斯，为收复这座海岛而战吧！血洗雅典人的耻辱！让萨拉米斯重回我们的怀抱吧！”

围观的都是工匠、商人、作坊主等城市居民，对他们来说海外贸易的停顿，就意味着破产和陷入贫困。因此，他们都积极主张再次开战，并且强烈支持梭伦。在梭伦的努力下，停战法令终于被废除。梭伦率军进攻萨拉米斯岛，大获全胜。这次战争的胜利为梭伦在群众中赢得了更高的威望，不久他当选为雅典的执政官。

当上执政官后，梭伦深入人民中间，了解他们的疾苦，为了使雅典繁荣富强，梭伦认识到必须进行改革。他改革的第一项内容就是颁布《解负令》，废除了用人身抵押的一切债务，解放因债务而沦为奴隶的人，并禁止以后以人身为债务抵押。

梭伦还根据财产多少将雅典公民分为四类：凡年收入达到麦子 500 斗者为第一等级，称为“五百麦斗级”；凡年收入达到 300 斗者为第二等级，称为“骑士级”，第一和第二等级都可以担任高级官员；凡年收入达到 200 斗者为第三等级，称为“双牛级”，可以担任低级官职；年收入在 200 斗以下者为第四等级，称为“日佣级”，不能担任任何职位。在规定了权力的同时，还规定了与四个等级相对应的义务。每个等级的公民必须自备武装服兵役，保

·城邦形成·

希腊城邦约有二三百个，形成的途径和背景各不相同，但有如下几个基本的共同特点：小国寡民；多数以一个设防城市为中心，结合周围农区组成；均有一个小范围的、极端封闭的公民集体；希腊城邦在政体中均包含民主制成分，共和政体居多；城邦军事制度的主体是公民兵制；城邦无独立的祭司阶层，公职人员兼祭司职能。除古希腊外，意大利、腓尼基等地中海沿岸地区也曾出现过与古希腊城邦相同的早期国家形态，比如早期罗马的公民公社，这类国家有时也被称为城邦。

卫国家。第一、二等级担任骑兵，第三等级担任重装步兵，第四等级担任轻装步兵或在海军中服役，并发给饷银。

梭伦的改革，沉重打击了没落的贵族，有利于雅典工商业的发展，为雅典的奴隶制民主奠定了基础。梭伦任满后，周游列国，到过埃及、小亚细亚和塞浦路斯等地，晚年他回到故乡，从事写作。去世后，人们将他的骨灰撒在美丽的萨拉米斯岛上。

“巴比伦之囚”

公元前10世纪，以色列犹太国王所罗门死后，他的儿子罗波安即位。由于罗波安平庸无能，导致国家一分为二：北部为以色列王国，首都撒玛利亚；南部为犹太王国，首都仍在耶路撒冷。

公元前722年，亚述帝国国王萨尔贡二世率军进攻以色列王国，攻陷了撒马利亚后将它夷为平地，掳走了包括以色列王和很多贵族在内的27000多以色列人，将他们流放到很远的地方，并把其他民族迁移到这里。存在了200年左右的以色列王国从此灭亡。

以色列王国的灭亡，令犹太王国大为惊恐。为了免遭覆辙，犹太王用低三下四的语气写了一封信，派使者送给亚述帝国国王萨尔贡二世，同时奉上24吨黄金。萨尔贡二世龙颜大悦，决定不再征讨犹太王国，犹太王国的君臣这才松了一口气，从此犹太王国成为亚述帝国的一个附庸国。由于此时希伯来人只剩下一个犹太王国了，所以希伯来人从此也叫犹太人。

后来新巴比伦王国兴起，灭亡了亚述，犹太王国又成了新巴比伦王国的附庸。为了称霸西亚，新巴比伦与埃及展开了长期的激烈的争霸战争。公元前601年，新巴比伦王尼布甲尼撒二世率军与埃及人大战，双方都损失惨重，新巴比伦军队被迫撤回巴比伦。一直臣服于新巴比伦的犹太国王约雅敬见风使舵，趁机脱离新巴比伦，归顺了埃及。

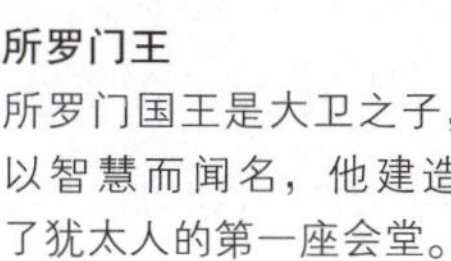

所罗门王

所罗门国王是大卫之子，以智慧而闻名，他建造了犹太人的第一座会堂。

先知以西结

在犹太历史上，上帝通过先知做出启示。以西结是被放逐到巴比伦的一个先知，他劝诫那些流亡同伴要始终保持对上帝的信仰。

尼布甲尼撒二世得知这个消息后大为震怒，咬牙切齿地发誓说要踏平耶路撒冷。公元前 589 年，犹太国王约雅敬病死，他的儿子约雅斤即位。尼布甲尼撒二世认为进攻犹太王国的时机已到，亲率大军围攻耶路撒冷。

经过两个多月围困，在犹太人内部的亲巴比伦势力强烈要求下，犹太国王约雅斤率领大臣出城投降。尼布甲尼撒二世废黜了约雅斤，封约雅斤的叔叔西底家为犹太王，西底家宣誓效忠新巴比伦王国。随后，尼布甲尼撒二世下令将大部分犹太王室成员和能工巧匠押往新巴比伦的首都巴比伦，并对耶路撒冷的犹太教神庙大肆抢劫。

公元前 588 年，埃及向新巴比伦发动了大举进攻。犹太国王西底家认为摆脱新巴比伦的时机已到，起来响应埃及人。犹太先知耶利米和亲巴比伦大臣极力反对，但西底家根本听不进去。不久，尼布甲尼撒二世率军击败埃及人，再次围攻耶路撒冷。这次围攻长达 18 个月，城内缺衣少食，疾病流行，再加上内部分裂，公元前 586 年，耶路撒冷再次陷落。

尼布甲尼撒二世非常痛恨犹太王国的一再反叛，在犹太国王西底家的面前令人杀死了他的几个儿子，又刺瞎了他的双眼，用铜链锁着西底家押到巴比伦游街示众。尼布甲尼撒二世下令将耶路撒冷所有的贵族、祭司、商人、工匠、贫民一律押到巴比伦，史称“巴比伦之囚”。耶路撒冷四面城墙被巴比伦人推倒，犹太人的宫殿、神庙和民宅被焚烧，全城被洗劫一空，最后被夷为平地，犹太王国灭亡。

沦为囚徒的犹太人在巴比伦被迫终日从事繁重的体力劳动，过着暗无天日的生活。直到尼布甲尼撒二世去世，他们才结束了苦难，重获自由，但仍然不许回耶路撒冷。当时巴比伦是一个国际化的大都市，犹太人聪明勤劳，很多人通过经商、放高利贷，成为富人。他们住在犹太社区里，很多犹太的文化习俗都得以保留。虽然犹太人在这里生活不错，但他们心怀故国，思乡之情越来越重，他们坚信，苦难的日子很快就会过去，上帝耶和华一定会派救世主降临人间拯救他们，让他们重返故土，复兴犹太王国。

不久，波斯帝国崛起，灭亡了新巴比伦王国。为了以耶路撒冷为跳板，进攻埃及，波斯王居鲁士允许犹太人返回家园，重建耶路撒冷，还把尼布甲尼撒二世从耶路撒冷耶和华圣殿里掠夺来的 5400 件金银器皿交给犹太人带回。犹太人欣喜若狂，他们在《圣经》中称居鲁士为“上帝的工具”，上帝保佑他“使各国臣俯在他面前”。巴比伦的 4 万多犹太人组成了一支浩浩荡荡的队伍，

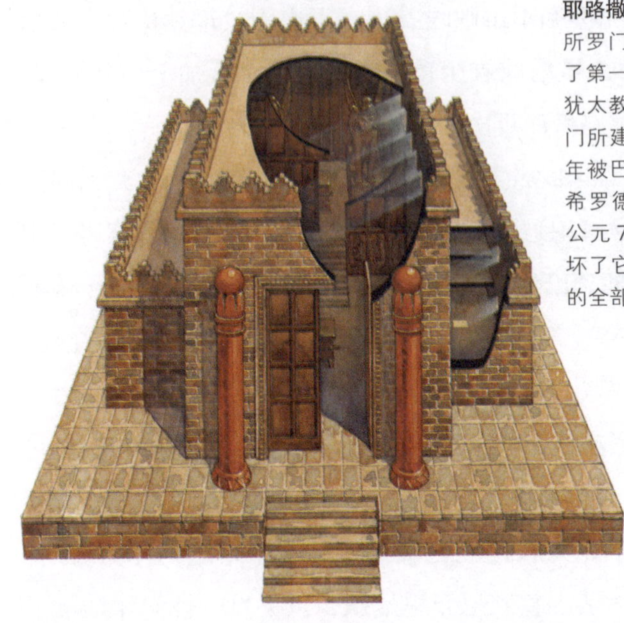

耶路撒冷圣殿
所罗门国王在耶路撒冷建造了第一座会堂，它逐渐成为犹太教徒朝拜的中心。所罗门所建的圣殿于公元前 587 年被巴比伦人毁掉了，后来希罗德国王又在原地重建。公元 70 年，罗马人再次毁坏了它。如今的西墙就是它的全部残骸遗迹。

开始踏上返乡之路。这些在异国他乡受尽苦难的犹太人跋山涉水，终于望见了旧都耶路撒冷的废墟。他们激动万分，长跪不起，号啕大哭，仰头向天，展开双臂高声感谢拯救了他们的上帝耶和华，欢呼“巴比伦之囚”的时代终于过去。

古巴比伦城和空中花园

巴比伦城，曾是两河文明的象征，也是两河文明的发源地。城中的空中花园，更是令人叹为观止。

巴比伦城位于美索不达米亚平原中部，依幼发拉底河而建，在今天的伊拉克首都巴格达以南约 90 千米的地方。始建于公元前 3000 年，是古巴比伦王国的政治、经济中心，也是当时的军事要塞。幼发拉底河穿城而过，为城市居民提供了水源和天然的城防屏障。

马杜克龙

像龙的样子的马杜克是巴比伦的最高神。巴比伦人供奉许多神，除了马杜克，还包括战争与爱神伊什塔尔。

古巴比伦城总体呈正方形，边长达4千米，该城有一条长达18千米、高约3米的城墙。城墙之间由沟堑相接，并设置300余座塔楼（每隔44米就有一座）以增强防御效果。古巴比伦的城墙还有一个鲜明的特色，它分为内外两重。其中外城墙又分为三重，厚度不均，大约3.3～7.8米，上面建有类似中国长城垛口的战垛，以方便隐蔽射箭。内城墙分为两层，两层中间设有壕沟。巴比伦城也有护城河，是在内、外城之间，河面最宽处达80米，最窄的地方也不下20米。一旦被敌人攻破外城墙，进入两城墙的中间地带，可以决开幼发拉底河的一处堤坝，放水淹没这一地带，让敌人成为名副其实的“城”中之鳖，真可谓固若金汤。

古巴比伦还有著名的伊什塔尔门和“圣道”。伊什塔尔门是该城的北门，以掌管战争的女神伊什塔尔的名字命名。其门框、横梁和门板都是纯铜浇铸而成，是货真价实的铜墙铁壁。这座城门高可达12米，门墙和塔楼上嵌有色彩艳丽的琉璃瓦。整座城门显得雄伟、端庄，而且华丽、辉煌。从伊什塔尔门进去，便是贯穿南北的中央大道——圣道。由于它是供宗教游行专用的，故而得名。整条圣道由一米见方的石板铺砌而成，中央部分为白色和玫瑰色相间排布而成，两侧为红色，石板上刻有宗教铭文。圣道两旁的墙壁上饰有白色，黄色的狮子像。

巴比伦城中最杰出的建筑还当属空中花园，古希腊人称之为世界七大奇观之一。关于花园的修建还有一个动人的故事。

相传，公元前604年~前562年，古巴比伦国王尼布甲尼撒二世在位之初娶了米底公主爱美提斯。由于两国是世交，二人的婚姻是双方的父亲定下的，在今天看来，有包办之嫌。尽管如此，新娘爱美提斯对尼布甲尼撒印象也不错，只是巴比伦这个地方令她生厌，因为美索不达米亚平原黄土遍地、沙尘满天，有时天气还酷热难耐。而在她的家乡，却是山清水秀、鸟语花香，还拥有郁郁葱葱

·巴别塔·

今天的伊拉克首都巴格达附近，在5000年前曾屹立着一座无比壮观的巨塔——巴别塔。据《圣经》记载，大洪水退去后，挪亚的子孙想造一座通天巨塔来传扬自己的名声。神怕人类从此不再敬神，于是变乱了语言，使人们无法交流，从而不能齐心合力建塔。“变乱”一词在希伯来文中是“巴别”，因此这座塔又被称为巴别塔。

巴别塔建于公元前17世纪，高近90米，分成7层，底层边长也近90米，顶层是供奉马杜克神的神庙。用深蓝色釉砖砌成的塔身外有条螺旋形的阶梯盘旋而上，直通金色的神庙。公元前1234年，巴别塔被攻占巴比伦的亚述人摧毁。后来，新巴比伦的尼布甲尼撒二世曾重建该塔，但他去世后，巴比伦又渐渐衰落。公元前484年，巴别塔再次毁于战火。虽然人们如今已基本复原了它的外观，然而其整体的设计和结构仍是一个谜。

的森林，且气候宜人。久而久之，王后思乡成病，终日愁苦，一度饮食俱废，花容月貌的王后很快憔悴不堪。为治愈王后的这块“心病”，尼布甲尼撒二世下令建造空中花园，园中的景致均仿照公主的故乡而建。今天的空中花园遗址位于伊拉克首都巴格达西南 90 千米处，由一层一层的平台组成，从台基到顶部逐渐变小。上面种满各种鲜花和林木，其间点缀有亭台、楼阁，最难得的是在 20 多米高的梯形结构的平台上还有溪流和瀑布，来此参观的人们无不啧啧称奇。

空中花园

尼布甲尼撒二世为他的妻子爱美提斯修建了著名的空中花园，目的是让她看到她家乡米底的绿色丘陵景色。这是古代著名的奇观之一，但现在没有人亲眼看到过这座花园是什么样子。

居鲁士大帝

公元前 7 世纪左右，在今天伊朗高原西部生活着两个部落，北部为米底，南部为波斯。公元前 612 年，米底和新巴比伦联军，灭亡了残暴的亚述帝国。从此，米底统治了伊朗和亚述，成为西亚的一个强国，波斯人也臣服于它。

一天，米底国王阿斯提阿格斯做了一个梦，梦见女儿曼丹妮的后代成为亚洲的统治者。于是阿斯提阿格斯没有把女儿嫁给米底贵族，而把她嫁给一个温顺老实的波斯贵族冈比西斯。他认为这样一来就可以高枕无忧了。

曼丹妮怀孕后，阿斯提阿格斯又做了一个梦，梦见一根巨大的葡萄藤从女儿的肚子里长出来，覆盖了整个亚洲。他找来一个僧侣，要他解梦。僧侣说，曼丹妮的后代必将统治亚洲。阿斯提阿格斯非常害怕，下令孩子一出生就立即处死。

不久，曼丹妮生下一个男孩，就是居鲁士。阿斯提阿格斯命令大臣哈尔帕哥斯把孩子带到宫外处死。哈尔帕哥斯不忍心，就把孩子给了一个牧民，让他来执行。牧民的孩子一出生就死了，于是他的妻子就偷梁换柱，瞒过了哈尔帕哥斯，收养了居鲁士。

居鲁士长到10岁的时候，一次和村里的孩子玩游戏。孩子们推举他为“国王”，一个没落贵族的孩子不服，居鲁士就命令“卫兵”鞭打他，后来事情闹大了，连国王都亲自过问，结果发现了居鲁士的身份。阿斯提阿格斯把僧侣找来，僧侣说居鲁士已经在游戏中当了“国王”，就不会再现实中再当国王了。居鲁士因此得以回到波斯，回到了亲生父母的身边。由于哈尔帕哥斯没有完成任务，阿斯提阿格斯非常生气，就下令杀死他的儿子。从此，哈尔帕哥斯对阿斯提阿格斯怀恨在心。

公元前559年，居鲁士统一了波斯的10个部落，成为波斯人的首领。哈尔帕哥斯就秘密联络居鲁士，密谋灭亡米底，为子报仇。

公元前553年，居鲁士决定起兵反抗米底。为了让波斯人团结

贡品

每年，来自行省的代表都聚到波斯波利斯的王宫。每个人带来进贡给国王的礼品——从印度来的金子、从亚述来的马、从大夏来的双峰骆驼等。

在自己周围，他命令所有的波斯人都回家取来镰刀，来到一大片长满荆棘的土地上，让他们在一天之内将荆棘清除干净。波斯人不敢违抗命令，只好埋头苦干，一天下来累得要死。

第二天，居鲁士又把波斯人召集到一起，杀猪宰羊，拿出美酒款待他们，波斯人非常高兴。居鲁士高声问："你们喜欢昨天还是今天？"波斯人回答说："我们喜欢今天！"居鲁士乘机说："如果你们愿意听我的命令，那么就会永远和今天一样，反之你们就将会永远和昨天一样！我们波斯人不比米底人差，为什么要受他们压迫？我们要反抗阿斯提阿格斯！"波斯人早就对米底人的统治深恶痛绝，听了居鲁士的话，纷纷响应。阿斯提阿格斯闻讯，急忙令哈尔帕哥斯率军讨伐居鲁士。不料，哈尔帕哥斯阵前倒戈，投降了居鲁士。阿斯提阿格斯气急败坏，亲自率军前来，结果战败被俘。

公元前 550 年，居鲁士正式建立了波斯帝国。波斯的西边是吕底亚国。吕底亚王见波斯崛起，非常害怕，决定趁波斯刚刚立国，一举消灭它。居鲁士率军迎战，吕底亚的骑兵的坐骑是马，而波斯骑兵的坐骑是骆驼。马闻到骆驼身上的刺鼻气味后，掉头就跑，吕底亚军队乱作一团。波斯人乘机进攻，大获全胜，吕底亚国灭亡，成为波斯帝国的一个省。

灭掉吕底亚后，居鲁士又把目光投向了新巴比伦。巴比伦城高大坚固，城墙是用挖护城河的淤泥烧成的砖、中间再加上沥青砌成的，城门用青铜浇铸，所以巴比伦王非常轻敌，认为居鲁士根本无法攻克巴比伦。当时，巴比伦的统治阶级分为王室、贵族和祭司三部分，他们之间争权夺利，钩心斗角。居鲁士得知后，派间谍秘密潜入巴比伦城，送给贵族和祭司很多金银，希望他们能做内应，并保证城破后保证他们的安全。贵族和祭司见钱眼开，

波斯国王居鲁士朴实的陵墓

半夜里打开城门，波斯人一拥而入，攻陷了巴比伦城。新巴比伦王国灭亡了，波斯成了西亚的霸主。

为了征服埃及，居鲁士释放了“巴比伦之囚”犹太人，让他们回去重建耶路撒冷，以此作为西进的跳板。为了消除后顾之忧，居鲁士亲率大军企图征服波斯东面的马萨革泰人，但不幸阵亡，他的儿子冈比西斯二世继任为波斯王。

大流士一世改革

大流士

大流士一世在公元前 522 ~ 前 486 年统治波斯帝国。他是军队的首领，也是个明智的统治者。他在统治期间建造了波斯波利斯，帝国达到了最强盛。

冈比西斯死后，波斯王位由假扮王子的拜火教僧侣高墨达篡夺。可是，8 个月以来，新王从不召见大臣。大臣们虽然都很惧怕他，但对这样奇怪的事情也不免在私底下议论：“为什么新国王不在公众场合露面呢？”也有人传说巴尔迪亚就是拜火教僧侣高墨达。就在人们将信将疑的时候，冈比西斯的一个王妃发现新王没有耳朵。她的父亲欧塔涅斯知道后马上断定新王的确是僧侣高墨达，因为在居鲁士在位时，这个高墨达由于过失被居鲁士下令割去了双耳。欧塔涅斯把这一消息告诉了另外六名波斯贵族。七个人商议决定发动政变，夺回政权。

没几天新王不是真正王子的消息传遍了整个都城，高墨达也听说了。他见真相已经败露，就仓皇逃走，最后在米底被欧塔涅斯和大流士一世等人杀死。

波斯波利斯城内的宫殿
在波斯波利斯城内巨大的宫殿。大流士一世和薛西斯一世在波斯波利斯城修建了宏伟的宫殿。沿着巨大的楼梯向上进入宫殿，楼梯是如此宽大，可以供8匹马并排行走。从帝国各地来的人们向坐在高高王位上的国王敬献贡品。

假王既然已经死了，就得再选出一个人来做国王，七个人经过不停争论，欧塔涅斯决定退出王位的竞争，其余六人商定找一天在郊外集合，谁的马先叫谁就当国王。结果，大流士一世在马夫的帮助下当上了波斯王。

大流士一世继位后，面临着严峻的形势。帝国本部的波斯贵族拥兵自立，自称是王位的合法继承人，刚被征服的地区也趁机纷纷独立。

大流士一世经过大小18场战争，残酷镇压了各地的叛乱，重新统一了帝国。

公元前520年9月，踌躇满志的大流士一世巡行各地，为了标榜自己，大流士一世在克尔曼沙以东32千米的贝希斯顿村旁的悬崖峭壁上刻石记功，留下了著名的《贝希斯顿铭文》。这个铭文的上半部分是大流士一世的雕像，他左脚踏着倒地的高墨达，右手指向波斯人崇拜的光明与幸福之神阿胡拉·马兹达。8名被绳索绑缚着脖颈的叛乱首领被雕刻得很矮小，与高大伟岸的大流士一世形成鲜明对照。浮雕下半部是铭文，上面写着：

“我，大流士，伟大的王，万邦之王，波斯之王，诸省之王，叙斯塔斯帕之子，阿尔沙马之孙，阿黑门尼德……按阿胡拉·马兹达的意旨，我是国王。”

《铭文》用波斯、埃兰、巴比伦三种文字刻于贝希斯顿山距地面105米高处的悬崖上，宣扬了大流士一世的功业和他的神圣不可侵犯的权力。

稳定了国内局势后，大流士一世把主要精力放在了对外征服上。公元前517年，他派兵夺取了印度河流域西北部的地区，建立起帝国的第20个行省。公元前513年，他率兵亲征黑海北岸，征服了色雷斯，然后海陆两路并进，指向多瑙河下游和黑海北岸的西徐亚人。大流士一世的部队遭到了西徐亚人的抵抗，损失8万之众，最后被迫撤退。公元前500年，大流士一世前往希腊在小亚细亚的殖民城邦米利都，镇压当地反波斯的起义。攻下米利都后，他借口雅典的海军支援了米利都而出兵希腊，从而揭开了长达50年的希波战争的序幕。公元前492年，大流士一世派他的女婿马尔多尼率战船600艘出征希腊，但在中途遭遇风暴，损失惨重，无功而返。公元前490年，大流士一世再次兴兵从海上进攻希腊，并在马拉松成功登陆，但拥有强大骑兵的波斯军却被全部由步兵组成的雅典军打得惨败而归。虽屡遭挫败，但大流士一世始终没放弃征服希腊建立世界帝国的念头，不过时间已经不允许他实现自己的愿望了。公元前486年，正当他策划再度出兵希腊时，埃及爆发大规模起义，大流士一世亲自前往镇压，未及成功便死了。

大流士一世在位期间，为巩固中央集权，他在政治、经济、军事等方面进行了一系列卓有成效的改革。政治上，他在被征服

波斯贵族

站在两个士兵之间的是波斯贵族。大流士从贵族家庭中任命行省的管理者以及总督。

地区普遍设行省、置总督，对行省采用分权但却相互制约的统治方法，同时尊重被征服地区的宗教、法律和习俗，建立起了有效的中央集权体系。经济上，他实行新的税收制度，统一货币和度量衡。军事上，他自任军队最高统帅，各行省军政分权，建立了以波斯人为核心的步兵和骑兵，和以腓尼基水手为骨干，拥有600 ~ 1000艘战船的舰队。为便于调遣各行省军队和传递情报，不惜重金修筑“御道”，设驿站，备驿马，在波斯全境形成驿道网。驿道虽然是出于行政目的修建的，但也极大地便利了商业的发展。此外，他还派人勘察了从印度河到埃及的航路，开凿了尼罗河支流到红海的运河。大流士一世是世界历史上著名的改革家，他的改革奠定了波斯帝国数百年的基业。

大流士一世在位期间是波斯帝国的鼎盛时期，他征服了印度河流域和巴尔干半岛的色雷斯地区，使波斯帝国成为古代世界第一个地跨亚非欧三大洲的大帝国。

《摩诃婆罗多》

在印度一年一度的庙会上，艺人们都要朗诵古诗《摩诃婆罗多》。因为它太长了，所以艺人只能朗诵其中的精彩片断，而听众则常常会被感动得泪流满面。

这首古诗就是著名的《摩诃婆罗多》。“摩诃婆罗多”的意思是“伟大的婆罗多家族的故事”，据说作者是印度传说中的大圣人毗耶娑，长达20多万行，相当于《荷马史诗》的8倍，是世界上最长的史诗。

《摩诃婆罗多》讲的是古代印度两个家族从互相厮杀到化干戈为玉帛的故事。相传古印度有一个呵国，国王叫持国，是个瞎子，所以国家大事都由他弟弟般度主持。持国有100个儿子，他们组成了一个家族，叫俱卢族，太子难敌是家族首领。般度有5个儿子，也组成了一个家族，叫般度族。

般度的5个儿子各个武艺高强，遭到了俱卢族的嫉妒。般度死后，俱卢族和般度族为了争夺王位，展开了钩心斗角的斗争。太子为了登上王位，阴谋杀害般度族五兄弟。一次，太子对五兄弟说：“我最亲爱的五位兄弟，父王在清净的地方建立一座房子，你们从今天起搬到那里去住吧。”五兄弟不知道这是个阴谋，爽快地答应了。他们哪里知道这间房子是用易燃的树胶做成的！当五兄弟住进去后，太子立即命人将房子点燃。顷刻间，房子浓烟滚滚，燃起熊熊烈焰，不一会儿就烧成了灰烬。太子得意地大笑起来，以为烧死了五兄弟，王位就唾手可得了。

几年后，呵国举行盛大的庆典，老国王接受群臣和外国使节的朝贺。这时，朝官禀报说盘国国王的5个驸马前来拜见，老国王下令让他们觐见。等他们来到大殿上时，大家都惊呆了，原来是般度族的五兄弟！

太子更是吃惊，他们不是烧死了吗？怎么成了盘国的驸马？

原来当年太子派人去烧树胶屋子的时候，有人偷偷地将太子的阴谋告诉了五兄弟。五兄弟急忙从地道逃跑，才躲过了大难。他们逃到一片森林，风餐露宿，最后辗转来到了盘国。此时盘国公主正在比武招亲，印度半岛上许多国家的王公贵族都来了。盘国国王指着一张弓说："你们谁要能拉开这张弓，并射中靶子，就可以和公主成亲。"许多人纷纷上前，但没有一个人能拉开这张弓。最后，五兄弟中的一人上前，说："让我试试！"他用力一拉，弓如满月，一松手，箭如流星，正中靶心——一条旋转的鱼的眼睛。

全场掌声雷动，公主亲自把花冠戴在他头上。按盘国的风俗，公主同时嫁给了五兄弟。盘国实力强大，五兄弟以此为后盾，昂首挺胸回到呵国兴师问罪。呵国国王无可奈何，只好同意把一半国土分给他们。由于太子从中作梗，五兄弟分到的只是一大片荒芜的土地。后来太子连这些荒凉的土地也不想给他们了，就提议掷骰子，如果谁

《摩诃婆罗多》的插图

《摩诃婆罗多》主要描写的是俱卢和般度两个家族之间发生的长期争斗，其中有很多关系到历史的传说。有一个传说讲到了恒河的起源，另一个传说描写了大洪水的情况。

输了，就流放12年，而且第13年也不能被别人认出来，才能得到一半的国土。五兄弟无可奈何，只好同意，结果输了，便躲到森林里去了。12年过去了，五兄弟乔装打扮，来到另一个国家的王宫里干活。一年后，他们派使者到了呵国，索要一半国土，遭到了太子的粗暴拒绝。

五兄弟实在是忍无可忍了，他们联络了很多国家攻打呵国。太子也不甘示弱，联合了很多国家迎战，整个印度半岛一片刀光剑影。惨烈的战斗进行了18天，太子大败，他的99个兄弟全部被杀。太子只身逃亡，五兄弟穷追不舍。正跑着，突然前面出现了一个大湖，太子略一犹豫，纵身跳入了湖中。五兄弟追到湖边，四处寻找太子。忽然，他们发现湖面上有一根芦苇管，原来太子躲在了湖底，用芦苇管来呼吸。五兄弟用尖酸刻薄的语言侮辱太子，太子实在受不了了，就跳出来和他们决斗，结果被杀。

俱卢族的战士决心为太子报仇，他们在晚上乘般度族战士熟睡之机发动偷袭，将他们全部杀死，只有五兄弟逃走。第二天，五兄弟看到战场上尸骨如山，血流成河，感到万分悲痛，决定和俱卢族讲和。两族终于化干戈为玉帛。

《摩诃婆罗多》广泛地反映了古代印度各阶层人民的生活，被誉为古代印度社会的百科全书。

狼孩与罗马城

希腊人攻陷特洛伊城后，一部分特洛伊人逃了出来，乘船来到了意大利半岛中部的台伯河人海口一带定居下来。这里土地肥沃，森林茂盛，特洛伊人在这里建立了一个城镇，起名叫亚尔巴龙伽。

亚尔巴龙伽国王的弟弟叫阿穆留斯，他野心勃勃，处心积虑地想谋朝篡位，取哥哥而代之。终于他发动了政变，流放了哥哥，自己当上了国王。为了防止哥哥的后代夺取王位，他杀死了侄子，强迫侄女去当祭司，当时祭司是不允许结婚的。这样一来，就不会有人和自己争夺王位，可以高枕无忧了。

不料，战神玛尔斯使阿穆留斯的侄女怀孕，并生下了一对孪生子。阿穆留斯知道后又惊又怒，立即下令将侄女处死，并派人将孪生子扔到台伯河里去。

当时台伯河正在泛滥，奉命将孪生子扔到河里去的奴隶，将装有孪生子的篮子放在河边就回去了，他觉得一会儿河水上涨就会把两个孩子淹死。这时，一匹来河边喝水的母狼，听到孪生子的哭声。顺着哭声，母狼来到篮子边。可能是母狼刚刚失去幼崽，见到两个小孩起了怜爱之心，它不仅没有吃他们，还把他们带回山洞，给他们喂奶。

不久，一个牧人经过山洞，发现了孪生子，将他们带回来抚养。

伊特拉斯坎母狼　青铜雕像　公元前480年
机敏、警惕的母狼，成为罗马的象征。公元前 480 年铸成的母狼青铜雕像并不包括双胞胎，它们是文艺复兴时期意大利一个雕塑家加上去的。母狼是罗马的图腾，是象征战神的神圣动物，它拯救了罗马城的创建者罗慕路斯和勒莫斯。

萨宾妇女
罗马建城之初经常与其邻近的萨宾部落发生激烈冲突，这幅画表现的是萨宾妇女调停罗马人与萨宾人争斗的情景。

经过多方打听，牧人终于得知了孪生子的身世。牧人给两个孩子取名，哥哥叫罗慕路斯，弟弟叫勒莫斯。时间一天天过去，两个孩子渐渐长成健壮的青年。牧人就将他们的身世告诉了兄弟二人，兄弟二人发誓一定要替舅舅和母亲报仇。他们勤奋习武，渐渐地在这一带有了威望，许多人前来投奔。

一次，他们和另外一群牧人发生了冲突。弟弟勒莫斯不幸被抓住了，被押到一个老人面前。老人看见勒莫斯的相貌，突然吃了一惊，问道："孩子，能跟我讲讲你的身世吗？"勒莫斯见老人慈眉善目，没有什么恶意，就把自己的身份告诉了他。老人听完，顿时泪流满面，说："孩子，我就是你的外祖父啊！"

勒莫斯和外祖父经过商议，率领外祖父的人马和哥哥罗慕路斯联合起来，浩浩荡荡地向亚尔巴龙伽进军。许多痛恨阿穆留斯残暴统治的人纷纷拿起武器加入他们的队伍，阿穆留斯很快被处死，兄弟俩的外祖父复位。

可兄弟俩不愿意依靠外祖父，决定另建一座新城。他们把新城的城址选在了母狼喂养他们的台伯河畔的帕拉丁山冈上。新城建好后，在以谁的名字命名的问题上，兄弟俩发生了争执，并展开了决斗。最后，哥哥罗慕路斯杀死了弟弟勒莫斯，将新城以自己的名字命名，取名为罗马城，时间是公元前753年4月21日，这一天成为古罗马人的开国纪念日。

罗马城建立后，很多逃亡者、流浪汉，甚至盗贼都来到这里。他们好勇斗狠，崇尚武力，使周围的部落对他们畏而远之。由于罗马城男多女少，罗慕路斯向周围的部落求婚，但都遭到了拒绝。

罗慕路斯无奈，只好使用计谋。他派人向周围的部落发出邀请，希望他们来参加罗马的节日宴会。到了节日那天，周围的部落来了很多人，其中以萨宾人最多。他们又吃又喝，玩得非常高兴，整个罗马城到处欢歌笑语。突然，罗慕路斯发出了号令，罗马人将早已看中的姑娘抢回家去成亲。

这就是关于罗马城的传说。在罗马博物馆里，现在仍保存着一尊铜像：一只母狼瞪着双眼，露着尖牙，警惕地望着前方。在它的身下，有两个男婴正在吃奶。

激战马拉松

波斯帝国从居鲁士起，经过几代人的不断扩张，到了大流士一世时，已经成了一个横跨亚非欧的大帝国。

大流士一世垂涎于希腊城邦的繁荣富庶，于是在公元前492年春天，派了300艘战舰、20000多名士兵远征希腊，历史上著名的希波战争爆发了。不料波斯大军在横渡爱琴海时遇上了风暴，战船和士兵全都葬身海底，未经一战就全军覆没。

但波斯王大流士一世贼心不死。第二年春天，他派出很多使者到希腊各城邦索要水和土，意思是要它们表示臣服，如果不给就将其城邦夷为平地。大多数城邦被波斯的恐吓吓坏了，急忙献上水和土。但希腊城邦中最强大的雅典和斯巴达根本不把波斯放在眼里，雅典人把波斯使者从高山上扔到大海里，斯巴达人把波斯使者押到水井边，指着水井说："水井里有水也有土，你自己去取吧！"说完就把波斯使者扔到了井里。大流士一世得知雅典和斯巴达拒绝投降，非常愤怒，立即下令第二次远征希腊。

当时波斯是横跨亚非欧的大帝国，而雅典和斯巴达则是希腊的两个小小的城邦，实力悬殊，而且雅典和斯巴达之间还很不团结。为了共同抵抗波斯人，雅典派出了长跑健将斐里庇第斯去斯巴达求援。雅典和斯巴达相距 240 千米，斐里庇第斯仅用了两天两夜就赶到了斯巴达。不料斯巴达王说："按照我们的风俗，只有等到月圆才能出兵打仗，否则就会出师不利。"斐里庇第斯动之以情、晓之以理，苦苦哀求斯巴达王，可斯巴达王就是不同意出兵。斐里庇第斯无可奈何，只好连夜赶回雅典。

这些彩色瓷砖构成的图案是波斯常备军精英 1 万名不死队成员。强有力的军备，是波斯帝国称霸的基础。

当雅典人听到斯巴达人拒绝出兵救援的消息后，他

这幅画表现了一个希腊人被击倒后反戈一击，举剑砍向波斯人的情景。

们并没有气馁。雅典执政官发出了全民动员令，甚至连奴隶也编入了军队，积极备战。

公元前490年，波斯大军渡过爱琴海，在雅典城外的马拉松平原登陆。当时希腊人的兵役制度是根据公元前600年改革家梭伦的法律制定的。

雅典人分成四个等级，第一等人是最有钱的人，在军队中担任将领。第二等人是乡村贵族，他们组成骑兵。第三等人是作坊主和富农，他们自己准备兵器和盔甲，在军队中组成重甲兵。他们的武器是长达2米标枪、希腊短剑和盾牌。第四等人是城市中的手工业者和普通的农民，在军队中组成轻甲兵，武器是标枪和弓箭，或者充当海军战船上的划桨手。

雅典军队大概有1万人，他们都决心保家卫国，愿意与波斯侵略者决一死战，所以士气高昂，战斗力很强。

反观波斯，虽然有10万军队，在数量比雅典人多得多，但他们主要是由奴隶和雇佣军（大部分是被征服的希腊人）仓促组成，士气低落，装备很差，纪律松弛。真正称得上精锐的只有波斯王的1万御林军。

雅典人在统帅米太亚德的率领下奔赴马拉松，迎战波斯人。马拉松平原三面环山，一面临海，波斯人就在平原上扎营。米太亚德看了地形以后，命令雅典人登上高山，占领制高点。

公元前490年9月12日清晨，决战前夕，米太亚德对雅典人说：“雅典是永保自由，还是戴上奴隶的枷锁，就看你们的了。”将士们高呼：“誓死不做奴隶！”

雅典人沿着山坡冲下，杀向波斯人的军营，波斯人猝不及防，一片混乱。米太亚德趁机排兵布阵，他将军队主力放在两翼，中间则是战斗力很强的重甲兵。不一会儿，波斯人杀了过来，用骑兵冲击雅典人的重甲兵。雅典人不断后退，波斯人步步进逼，战线不断拉长。米太亚德一声令下，雅典人的两翼的主力杀声震天，夹击波斯人，波斯人大败，损失了1/3的兵力，其余的纷纷爬上海边的战船，狼狈逃走，雅典人大获全胜。

米太亚德为了让雅典人尽快知道捷报，派斐里庇第斯去传送消息。斐里庇第斯在战斗中受了伤，从斯巴达回来后又没有得到充分的休息，但他还是毅然接受了任务。他飞快地跑到雅典的中央广场，对等在那里的焦急的雅典人说：“大家欢呼吧，我们胜利了！”说完就倒在了地上，再也没有起来。

为了纪念斐里庇第斯，1896年举行第一届奥运会时，人们把从马拉松到雅典的40195米的长跑定为比赛项目，这就是著名的马拉松长跑。

温泉关之战

波斯王大流士死后，他的儿子薛西斯登上王位。为了实现父亲的遗愿，薛西斯积极备战，发誓要踏平希腊，血洗马拉松战败之耻。

经过多年的准备，公元前480年，也就是马拉松之战后的第10年，薛西斯动员了波斯帝国的全部兵力，共数十万大军，海陆并进，浩浩荡荡，向希腊杀去。

波斯军队来到赫勒斯滂海峡（今土耳其达达尼尔海峡）时，薛西斯下令修建浮桥。埃及人和腓尼基人很快各自修建了一座索桥，不料这时狂风大起，将索桥刮断。薛西斯大怒，将架桥的埃及人和腓尼基人全部处死。他还下令把铁索抛进海里，想要锁住大海，并派人鞭打大海300下，以报复大海阻止他前进。

工匠们将360艘木船排在一起，用粗大的绳索相连，在上面铺上木板，两边安上栏杆以防人马落水，架成了一座浮桥。波斯王薛西斯乘坐由8匹白马拉的战车，在1万头戴花环的御林军——“不死军”的护卫下，趾高气扬地跨过海峡，其余的波斯大军用了七天七夜才全部渡过海峡。

波斯大军跨过海峡后，迅速席卷了北希腊，直逼中希腊。在大敌当前的情况下，希腊各城邦团结起来。30多个希腊城邦组成抵抗波斯联盟，推举陆军最强大的斯巴达为盟主，斯巴达国王列奥尼达担任统帅，组建希腊联军（实际组织者是雅典），迎战波斯。

公元前480年6月，波斯军队来到希腊北部的德摩比勒隘口。德摩比勒隘口是北希腊通往中希腊的唯一通道，它西面是陡峭的高山，东面是一片通到大海的沼泽，最狭窄处仅能通过一辆战车，可谓“一夫当关，万夫莫开”，非常险要。因为关前有两个硫黄温泉，所以又叫温泉关。当时希腊人正在举行奥林匹亚运动会，按照风俗习惯，运动会高于一切，在运动会期间禁止一切战争。所以温泉关只有7000名战士守卫。斯巴达国王列奥尼达听到波斯人逼近的消息后，急忙率300名勇士赶来支援。他将6000名战士部署在温泉关一线，1000名战士部署在温泉关后面的小道，以防波斯人从背后偷袭。

列奥尼达在温泉关战役中

在温泉关战役中被波斯人重重包围时，列奥尼达解散了他的部队，只留下300名近卫队员战斗到全军覆没。关于斯巴达人永不投降的传说就来源于他的事迹。

薛西斯写信给列奥尼达，说波斯军队多得很，射出去的箭遮天蔽日，企图吓倒希腊人。斯巴达人哈哈大笑说："那真是太好了，我们可以在阴凉地里杀个痛快了！"薛西斯派探子去侦察希腊人的情况，探子回来禀报说，希腊人把武器堆在一边，有的梳理头发，有的做操，丝毫没有打仗的样子。薛西斯感到很奇怪，一个希腊叛徒说："这是斯巴达人的风俗，表示他们要决一死战了。"薛西斯冷哼一声，认为这点儿人根本不可能和他的大军相抗衡。

薛西斯下令进攻，波斯人一拥而上，企图夺取隘口。斯巴达人居高临下，手持长矛，向波斯人猛刺。由于山道狭窄，无法发挥波斯军队人多的优势，一批又一批的波斯人死在山道上，尸体堆成了一座小山，仍然没有攻下关口。薛西斯大怒，命令自己的“不死军”前去进攻，结果还是无法攻克。

正在薛西斯一筹莫展之时，那个希腊叛徒说：“尊敬的大王，我知道有一条路可以绕到温泉关的后面。”薛西斯闻讯大喜，急忙命令叛徒带路，派一部分波斯军队连夜偷袭。由于防守小路的希腊人连续几天没有战斗，所以都放松了警惕，直到黎明时波斯人的脚步声才将他们吵醒。希腊人慌忙拿起武器抵抗，但由于寡不敌众，被迫撤走。波斯人也不追赶，而是赶往温泉关，夹击斯巴达人。列奥尼达见大势已去，为了保存实力就命令其他城邦的希腊人撤退，而留下300名斯巴达勇士拖住波斯人。

腹背受敌的斯巴达人宁死不屈，他们占据一个小丘，拼死抵抗。长矛折断了，就用短剑，短剑折断了就用石头砸、用拳打、用脚踢、用牙咬。斯巴达人没有一个投降，没有一个逃跑，最后全部壮烈牺牲。

后人在温泉关树立了一个狮子石像，纪念那些阵亡的斯巴达勇士，上面刻着：“来往的过客啊，请带话给斯巴达人。我们忠实地遵守了诺言，为国捐躯，长眠于此。”

萨拉米斯海战

攻占温泉关以后，波斯陆军直扑雅典城。但是，在那里他们却一个雅典人都没见到，整座城池空空如也。波斯王薛西斯不由得大为光火，一气之下让人将这座当时最大、最富庶的城市置于

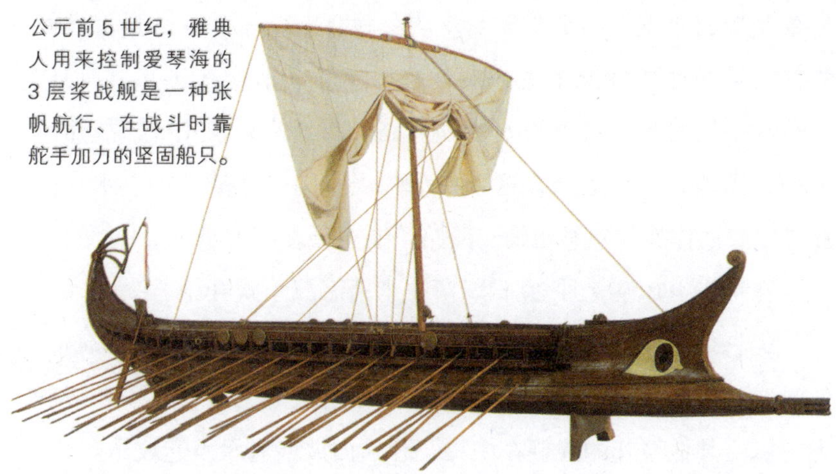

公元前5世纪，雅典人用来控制爱琴海的3层桨战舰是一种张帆航行、在战斗时靠舵手加力的坚固船只。

火海之中。

雅典城的居民怎么突然消失了呢？原来，雅典和其他城邦的人都接受了海军统帅提米斯托克利的建议，所有的妇女儿童都坐船到亚哥斯的特洛辛和本国的萨拉米斯岛上去躲避，所有的男人都乘着战船，集中到萨拉米斯海湾。当时希腊流传着太阳神的一个预言：希腊的命运要靠木墙才能拯救。根据这个预言，提米斯托克利认为希腊的未来在海上，太阳神所说的木墙就是指大船。

与此同时，波斯海军来到雅典的外港比里犹斯，它与直扑雅典的波斯陆军遥相呼应，那势头简直就要踏平整个希腊。

面对波斯军队的嚣张气焰，集中在雅典城南萨拉米斯海湾的希腊联合舰队对能否打败波斯大军毫无信心，有些城邦的人甚至打算把船驶离海湾，去保卫自己的家乡。

在此危急时刻，提米斯托克利召开军事会议，商讨作战方略。在会上，提米斯托克利说希腊联军完全有战胜波斯大军的可能，但前提是把战船集中在萨拉米斯海湾和波斯海军决战。他的依据是波斯战舰笨重，而港湾狭窄水浅，就算波斯军队在数量上占优势，但是在这种情况下他们的优势根本就无法发挥出来，况且，波斯水手们也不熟悉海湾水情和航路。而希腊人正相反，战船体积小，机动灵活，适合在这个狭窄的浅水湾中作战，加上水兵们在本国海湾作战，熟悉水情、航路，能充分发挥力量。

公元前 480 年 9 月 20 日，萨拉米斯海战正式开始。

欧利拜德斯按照提米斯托克利的建议，立即进行战争准备。他派遣科林斯支队据守西面海峡，斯巴达战舰为右翼，雅典战舰为左翼，其他城邦的战舰在中央，开始向波斯海军发起攻击。

薛西斯封锁萨拉米斯海峡后，首先派 800 艘先锋战舰分成三线一字摆开，向萨拉米斯海峡东端进攻。可是，海峡中间的普西塔利亚岛打乱了波斯军的阵形，波斯海军只好将纵队一分为二进行攻击，再加上波斯战船体大笨重，在狭窄的海湾运转困难，前进不得，后退无路，自相碰撞，乱作一团。

相反，希腊军舰却能在波斯军舰中任意穿梭。因为，希腊战舰大多是三层桨军舰，这样的战舰既快速，又灵活。

希腊联军抓住时机，充分发挥着自己战舰的优势，猛烈攻击波斯舰队。雅典的每艘战舰上载有 18 个陆战队员，他们不断地向敌舰发射火箭、投掷石块。波斯战舰陷入一片火海，波斯人惊恐万分。更令波斯人惊慌的是雅典船只坚固的构造和特殊结构。雅典战舰船头镶嵌铜冲角，船身安装一根 5 米的包铜横木。它们用铜冲角把波斯战舰撞得支离破碎；当它们紧贴波斯舰飞速冲过时，横木像锋利的刀子一样削断波斯舰的木桨。波斯军队只能被动挨打了。

经过七八个小时的激战，萨拉米斯海战结束。希腊联军大获全胜，击沉波斯战舰200余艘，缴获50余艘，希腊舰队仅损失40艘战船。

此后，以雅典为首的希腊转入进攻，并乘机扩张海上势力，逐渐建立起雅典在爱琴海的霸权。

公元前449年，希腊和波斯在波斯首都签署了《卡利亚斯和约》，希波战争结束。

萨拉米斯海战是世界上最早的大规模海战，是希波战争的转折点，是世界海战史上以少胜多、以弱胜强的典型战例。这一战役使希腊人取得了制海权，而波斯人走向了衰落。

雅典的民主

伯里克利像

希波战争结束后，希腊进入了最发达、最繁荣的时期，历史学家把这个时期称为希腊历史上的“黄金时代”。在希腊的城邦中，又以雅典最为发达繁荣。

在希波战争时，以雅典海军为主力的希腊海军大败波斯海军。战后，雅典控制了爱琴海沿岸地区，组建海上同盟——提洛同盟，势力扩展到地中海和黑海沿岸，成了一个海上霸主。随着海上势力的扩张，雅典获取了大量的奴隶，各行各业广泛使用奴隶劳动，经济得到了快速发展。整个雅典的奴隶曾经达到40万，占了人口的绝大多数。

在当时的雅典，除了奴隶和奴隶主之间的矛盾以外，还有奴

雅典公民投票时使用的陶片
陶片上刻有将要被放逐（逐出雅典）的公民的名字。公元前 5 世纪，雅典为限制个人权力而滥用陶片放逐制度，很显然，阴谋限制了放逐陶片的有效性。

隶主内部的贵族派（贵族奴隶主）与民主派（工商业奴隶主）和自由民之间的矛盾。贵族派极力限制民主派和自由民的权力，维护自己的既得利益，而民主派和自由民则千方百计地要扩大自己的权力，削弱贵族派的权力。当时雅典当政的是著名的政治家伯里克利，他虽然出身贵族，但却站在民主派一边，经过几个回合的较量，在广大雅典公民的支持下，由贵族派把持的掌握雅典大权的元老院不得不将权力移交给民主派控制的公民大会。

伯里克利为了了解民意，经常深入广大的群众，和他们交谈，倾听他们的意见。遇到和他不同意见的人当众辱骂他，他也不生气，也不逮捕对方。一天下午，一个贵族跟在他后面，指着他大骂："你这个疯子！你这个混蛋！你出身贵族，却忘掉了自己的阶级，反倒去向那些下等的百姓献媚！"这个贵族一直跟着伯里克利，边走边骂，直到伯里克利的家门口。这时天已经黑了，伯里克利让仆人举着火把把那个贵族送回家。在伯里克利时期，雅典达到了全盛，所以这一段时期又称为"伯里克利时代"。

公民大会是雅典的最高权力机关，凡是年满 20 岁的雅典男性公民都有权参加，但妇女、奴隶和外邦人则无权参加。每 10 天公民大会都要举行一次会议，讨论关于内政、外交、战争、和平等重大问题，每一个公民都可以上台发表自己的意见。会议开始前，祭坛上先要杀一头小猪，然后由祭司拿着绕场一圈，以消除不洁。接着会议主持人登台宣读提案，再由支持或反对提案的人轮番上台发表演讲。台下的听众则用欢呼和嘘声来表示赞成和反对，但决不能打断发言者的演讲，否则将会被驱逐出会场，甚至罚款。上台演讲的人也要尊重别人，不得侮辱和诽谤在场的人，否则会被禁止发言和剥夺荣誉。如果几个人同时要求发言，则将按年龄大小排序。它的常设机构是500人会议，成员由贵族奴隶主、工商业奴隶主和自由民组成。公民大会最重要的会议是选举大会。到了这天，会场上座无虚席，雅典人都以平生没有担任过任何公职为耻，所以参选的热情非常高涨。以前雅典的法官、军人、议员和公职人员都没有薪俸，连当兵都要自己购买盔甲、武器和马匹，所以这些职位都被有钱人把持着。伯里克利执政后，宣布军人和公职人员由国家发给薪俸，这样一来，普通公民就可以担任法官、军人、议员和其他公职人员了，这就扩大了普通公民的民主权利。选举大会主要选举10名将军、10名步兵统帅、2名骑兵统帅和一名司库员。这些职位涉及军队和国库，非常重要，当大会主持人念到候选人名字时，公民举手表决，得票最多的人当选。另外，其他的官员如执政官、法官、监狱官等，用抽签的方式决定。

抽签在神庙中进行。神庙中放着两个箱子，一个箱子里放着候选人的名字，另一个箱子里放着黑豆和白豆。抽签时，主持人先抽出一个候选人的名单，在另一个箱子里拿一个豆子。如果拿到的是白豆，那么这个候选人就当选了，反之就是落选。

在选举大会两个月后，原来的公职人员开始向新当选的公职人员移交权力。

雅典的民主制度在当时属于一种非常进步的制度，但仍是奴隶制下的民主，归根到底是为统治阶级服务的，具有很大的局限性。

伯罗奔尼撒战争

希波战争后，雅典不断向外扩张，并把提洛同盟成员国变成自己的附庸，控制爱琴海，形成与斯巴达争霸希腊的局面。斯巴达则针锋相对，与雅典争相干预他邦内政，冲突不断发生。公元前435年，科林斯与其殖民地克基拉发生争端。公元前433年，雅典出兵援助克基拉，逼科林斯退兵。公元前432年，雅典以科林斯殖民地波提狄亚隶属提洛同盟为由，要求它与科林斯断绝关系，双方矛盾加剧。同年秋，伯罗奔尼撒同盟各邦开会，在科林斯代表的鼓动下，要求雅典放弃对提洛同盟的领导权，遭拒绝。

伯罗奔尼撒战争绘画

几乎所有希腊的城邦都参加了这场战争，其战场涉及了当时整个希腊语世界。这场战争结束了雅典的黄金时代，结束了希腊的民主时代，强烈地改变了希腊国家的命运。

面对与雅典的争端，斯巴达决定采取发挥陆军优势，鼓动提洛同盟成员国叛离，削弱和孤立雅典的战争策略，因为，斯巴达训练有素的重甲方阵步军和骑兵在陆战中将占有绝对的优势。

公元前 431 年，伯罗奔尼撒同盟成员底比斯袭击雅典盟邦布拉底引发战火。5 月，斯巴达国王率领精锐部队 6 万余人，向阿提卡进军，伯罗奔尼撒战争全面爆发。

雅典的统帅伯里克利是位杰出的政治家和军事家，他对局势认识很清楚。他知道，要想在战争中胜利或逼和斯巴达，必须避其长击其短。于是，他采取陆上取守势，海上则取攻势的对策，命令陆战队以守为主，派舰船侵袭伯罗奔尼撒半岛沿海地区。

就在斯巴达不断对阿提卡进攻时，雅典的海军在伯罗奔尼撒半岛开始登陆，严密封锁伯罗奔尼撒半岛海岸港口，断绝斯巴达海上与外界的联系，并煽动斯巴达的奴隶希洛人举行起义，使斯巴达陆上进攻受到极大牵制。整个战争按照雅典人的预想进行。

但不幸却降临在雅典人头上，公元前 430 年，雅典城内发生严重瘟疫，死者甚众，雅典统帅伯里克利也在这场瘟疫中丧生。他的去世使雅典从防御战争变成新任统帅克里昂主张的侵略性战争。公元前 425 年，雅典海军占领了美塞尼亚西岸的皮洛斯及其附近的斯法克蒂里亚小岛，斯巴达陷入困境。为避开强大的雅典海军主力，斯巴达国王命令柏拉西达将军率领一支精锐部队由小道穿过希腊半岛，向北绕到雅典背后进行攻击，对雅典同盟进行说服，并攻下安菲波利斯。

公元前422年，双方在安菲波利斯展开对决。斯巴达骑兵一举杀死雅典统帅克里昂，但斯巴达统帅伯拉西达也在乱军中被杀死。

双方失去统帅，战争只好暂时停止。公元前421年，雅典主和派首领尼西阿斯与斯巴达缔结《尼西阿斯和约》。条约规定：交战双方退出各自占领地，交换战俘，保持50年和平。

然而，导致战争的基本矛盾依然存在，雅典和斯巴达在希腊争霸的野心并没有消除。和约签订的第6个年头，雅典调集134艘三桨战船、130艘运输船、5100名重步兵、1300名弓弩手共约2.7万人，组成雄壮的远征军由亚西比德统率向西西里进发。

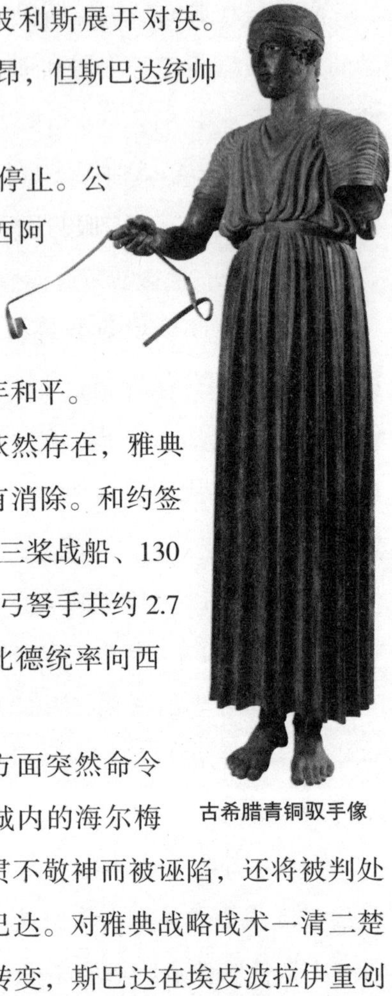

古希腊青铜驭手像

但惊人的意外发生了，雅典方面突然命令亚西比德回国受审。原来，雅典城内的海尔梅斯神像被人毁掉，亚西比德因一贯不敬神而被诬陷，还将被判处死刑。亚西比德一怒之下逃往斯巴达。对雅典战略战术一清二楚的亚西比德的投降使战势发生了转变，斯巴达在埃皮波拉伊重创雅典军。雅典军无奈只好撤军，但撤军当晚发生月食，相信月食会带来凶险的雅典士兵不肯登船撤退。斯巴达抓住时机，封锁港口，切断陆上要道，包围了雅典军队。公元前413年9月，雅典全军覆没，经此严重打击，雅典渐失其海上优势。

公元前411年，雅典海军在阿拜多斯，次年在基齐库斯，先后打败斯巴达海军。斯巴达则寻求波斯援助，增建舰队，要与雅典海军作最后的较量。公元前405年，斯巴达海军在波斯人的援助下一举全歼雅典海军，从此斯巴达成为希腊的霸权国。公元前404年，雅典投降，被迫接受屈辱的和约：取消雅典海上同盟（即提洛同盟）；拆毁长墙工事；除保留12艘警备舰外，其余的全部交出。

伯罗奔尼撒战争使斯巴达成为希腊的霸权国，但整个希腊遭到严重破坏，繁荣富强的希腊从此一蹶不振。这场战争是希腊城邦开始衰亡的标志，是古典时代的结束。

但斯巴达的霸权没有维持多久，由于斯巴达对其他城邦的肆意压榨，再加上波斯的挑拨离间，希腊各城邦之间陷入了长期的内战，最终都被希腊北部的马其顿王国征服。

“疯子”德谟克利特

2000多年前，雅典是一个很民主的城市，执政官的判决基本上都是以民众的意见为依据，也就是说，只要有一群人认为某个人有罪，这个人多半就逃脱不了罪责。

德谟克利特就曾经遭遇过这样的民主审判。他是被自己的族人送上法庭的，其族人的控词是，每日研究世界由原子组成的邪说，不理家政。他的族人的要求是送他进疯人院，因为这样，他们就可以侵占他的财产了。

法庭依法办事，请来西方医圣希波克拉底。经过法庭辩论，德谟克利特的族人的愿望落空了，因为希波克拉底诊断的结果是，

"医学之父"
希波克拉底是最伟大的古希腊医生，他的影响一直持续到了今天。据说他写下了超过70本的有关医学的书。希波克拉底概括出了医生应该对病人和社会所担当的责任，到今天依然是医生们所追求的目标。

德谟克利特不但不是疯子，还是一个智慧出众的哲学家。

的确，经过历史验证，德谟克利特不但是一位杰出的哲学家，还被马克思称为“古希腊第一个百科全书式的学者”。他一生的研究涉及天文、地理、生物、物理、数学、逻辑等诸多领域，并且有许多创见和专著。

德谟克利特出生于色雷斯的阿布德拉，从小就对自然科学产生了浓厚的兴趣，热衷于学习和思考。他曾经师从波斯术士和星象家，初步了解了一些神学、天文学知识。在这一阶段，他还注意培养自己的自制力和想象力。

德谟克利特成年以后，先后游历埃及、巴比伦、印度和雅典等文明中心，学习哲学、数学和水利等。及至他回到家乡阿布德拉时也有很高的学问，并被公推为该城的执政官。即便在从政期间，他也从未丢下对哲学、自然科学的研究工作。

德谟克利特在原子论领域做出的贡献离不开其恩师留基伯的引导和教诲。正如牛顿所说，只有站在巨人的肩膀上，你才能看得更远，取得更大的成就。德谟克利特完全继承了老师的原子学说，认为原子从来就存在于虚空之中，无始无终；原子和虚空构成了宇宙万物，原子本身是最小的、不可再分的物质粒子。“原子”一词在希腊语中的本意即为不可分割。这种观点在当时是很先进的，对后来的科学原子论的形成也有一定启发作用。

德谟克利特在继承老师的成果基础上，又进一步提出，原子虽不可分，用肉眼不能观测到，但在体积、形状、性状和位置排列的特征方面仍存在差异，他举例说水之所以能够流动，就因为水原子表面光滑，彼此之间易于滑动；而铁的形状非常稳定，则源于其原子表面凹凸不平，原子之间易于啮合而非常稳固。德谟克利特还从原子的角度解释了“生”与“死”。他说原子虽然不生不灭、不增不减，但它们所构成的化合物却由于原子的排列次序等不同而性质经常发生改变，从而使一种物质演变为另一种物质。于是人们由此产生了“生”与“死”的概念。这一点与事实基本吻合，体现了德谟克利特的研究水平。

德谟克利特根据他的原子理论发展了天体演化学说。他认为在原始的宇宙旋涡运动中，质量较大的原子逐渐成为旋涡的中心，由于自身旋转而形成球状聚合体，如地球。同时质量较小的原子则围绕该中心旋转，宇宙空间的部分原子由于高速旋转而日趋干燥，最终燃烧形成恒星体。

德谟克利特理论的进步性还表现为，他否定了神的存在。他认为神是原始人由于自然知识贫乏，对自然现象解释不清，产生莫名恐惧而臆造出来的。他还解释说，所谓灵魂也是由原子构成的物体，一旦原子之间的结合方式改变，这种物体也会消亡。

德谟克利特的原子论虽然先进（在当时看来）但与现代科学原子论仍有着本质的差别。它只能算是哲学领域的原子理论，因为他的结论产生于思维和直觉，而现代科学理论都建立在定量试验和严密的数学推理的基础上。同时他一直认为原子不可再分，与事实不符，这不能不说是一个遗憾。但在他生活的时代，达到这样的认识水平已难能可贵。

苏格拉底之死

公元前399年6月一天的傍晚，在雅典监狱中，一位年届七旬的老人与妻子、家属做最后的道别。这位老人，散发赤足，衣衫褴褛，但是神情却非常镇定，丝毫看不出将要被处以死刑。妻子和家属走后，他又与几个朋友交流起来。

苏格拉底像

不知过了多久，一个狱卒端着一杯毒汁走了进来，老人接过杯子一饮而尽，然后，安详地躺在床上。突然，他好像想起了什么似的，翻了个身面向他的朋友说："我曾吃过邻居的一只鸡，还没给钱，请替我还给他。"说完永远地闭上了双眼。

这位老人就是大哲学家苏格拉底。苏格拉底到底是什么原因被判处死刑的呢？

苏格拉底（公元前470 ~前399年），既是古希腊著名的哲学家，又是一位个性鲜明、从古至今被人毁誉不一的著名历史人物。他的父亲是石匠和雕刻匠，母亲是接生婆，一家人生活十分贫困。

苏格拉底生活在雅典由盛到衰的时期，雅典人在经历过一段繁荣富足的生活后，开始变得奢侈淫逸、道德败坏，经常和周边城市发生战争。19岁时，苏格拉底第一次参加战争，那是为了保卫雅典。他在战场上表现得十分英勇，曾三次冒死救出他的战友。和他一起作战的战友都说，与苏格拉底在一起就会感到安全。从战场上回来后，苏格拉底开始对雅典城的状况进行深入思考。苏格拉底认为要想改变雅典的衰颓现状，就必须先提高雅典人的道德水平，造就治国人才。于是，苏格拉底开始研究哲学并从事教育工作。他培养出许多有成就的人，如柏拉图、色诺芬等著名的哲学家。

为了提高自己的学识，苏格拉底潜心读书，他读遍希腊的政治、历史书籍，眼界变得十分开阔。不过苏格拉底并不满足于书本上的知识，他觉得要想从整体上提高自己，还得不断吸取别人的思想。于是，他四处去拜访当时有名的学者，还不断地请别人到自己家中来谈天。当时，苏格拉底已经娶妻生子，由于他整天总是忙着做学问，没有时间帮妻子做家务、照看孩子，这使得整天忙碌的妻子对他十分不满。

一次，妻子正在洗衣服，刚会走路的儿子因没人照看，在一边大声哭。妻子便大声喊正在和两个学者交流学问的苏格拉底去看一下。苏格拉底谈到了兴头上，根本没听见妻子叫他。暴躁的

·苏格拉底方法·

为了达到道德教育的目的，有效地传授知识，苏格拉底创立了一套独到的教学法，被后人称为“苏格拉底方法”。所谓“苏格拉底方法”，是指在与学生谈话的过程中，并不直截了当地把学生所应知道的知识告诉他，而是通过讨论问答甚至辩论方式来揭露对方认识中的矛盾，逐步引导学生自己得出正确答案的方法。

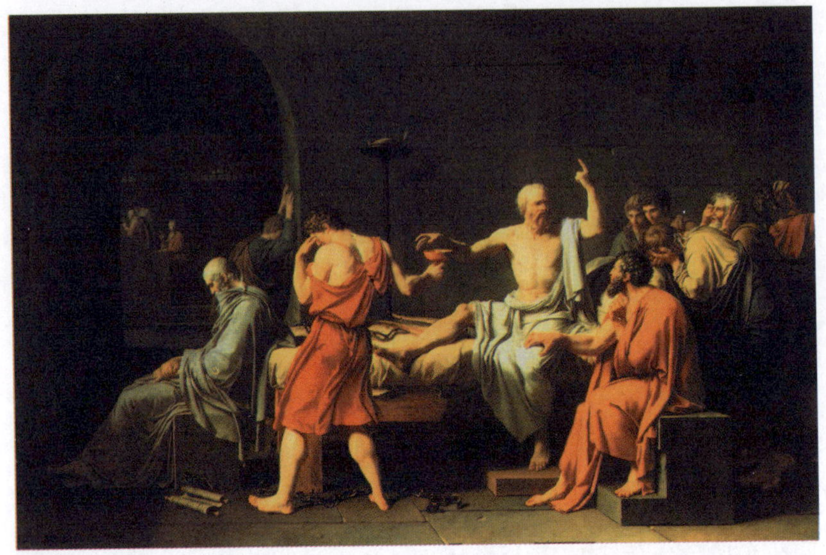

苏格拉底之死

苏格拉底因坚持自己的信念将被判处鸩刑，但他神色安然，面无惧色。他的手指向更高的天国，表明那是他的最终归宿。

妻子控制不住心中的怒火，便将一盆洗衣水向苏格拉底泼去。客人感到非常尴尬，然而浑身湿淋淋的苏格拉底却幽默地对客人说："没事，雷声过后，必有大雨嘛！"接着，他抖了抖身上的水，继续刚才的话题。

成名以后的苏格拉底依然过着艰苦的生活。一年四季他都穿着一件普通的单衣，经常赤着脚，吃饭也不讲究，所有精力都用来做学问。他经常公开发表演说或与人辩论，辩论中他经常采用问答形式帮助对方纠正、放弃原来的错误观念，启发人们进行思考。

公元前404年，伯罗奔尼撒战争以雅典的失败而告终，三十僭主的统治取代了民主政体，依靠雇佣军起家的克利提阿斯成了最高统治者。

克利提阿斯是苏格拉底的学生。有一次，为了霸占一个富人的财产，克利提阿斯让苏格拉底带4个人去逮捕那个人。苏格拉底当众违逆了克利提阿斯的命令，并且拂袖而去。不仅如此，苏格拉底还多次在公开场合谴责克利提阿斯的暴行。这无疑惹恼了克利提阿斯，于是，苏格拉底被勒令不准再接近青年。对于克利提阿斯的命令与恐吓，苏格拉底根本不加理睬。

后来，“三十僭主”的统治被推翻了，民主派重掌政权。苏格拉底被人诬告与克利提阿斯关系密切，反对民主政治，用邪说毒害青年，苏格拉底因此被捕入狱。大约公元前399年，苏格拉底因“不敬国家所奉的神，并且宣传其他的新神，败坏青年”的罪名被判处死罪。其实，说到被判入狱的真正原因，是他的言论自由的主张与雅典民主制度发生了严重冲突。

按照古希腊的民主制度，每一位雅典公民都能够充分地行使自己的权利，政府还在关键性投票中采用给参与者一天口粮的方式鼓励公民参与。审判苏格拉底的是由501个雅典普通公民组成的陪审法院，也就是公民大会。苏格拉底的审判大会经历了初审和复审，初审中500个公民进行了投票，结果以280票对220票判处苏格拉底有罪；复审是决定苏格拉底是否该判死刑。复审之前，苏格拉底有为自己脱罪的辩护权利，但苏格拉底的临终辩词不但没有说服希腊民众，相反还激怒了他们，结果是360票对140票判苏格拉底死罪。

收监期间，苏格拉底的朋友买通了狱卒，劝他逃走，但他决定献身，拒不逃走。最后在狱中服毒受死，终年71岁。

作为一个伟大的哲学家，苏格拉底使哲学真正在人们生活中发挥了作用，为欧洲哲学研究开创了一个新的领域，对后世的西方哲学产生了极大的影响。

博学的亚里士多德

亚里士多德的思想的影响之大超越了时代和各流派，他的《诗学》被认为是西方美学重要的奠基之作。

一位学生问老师："老师，运动的来源是什么？"老师答道："犁耕地的运动来源于农夫的手；农夫手的运动来源于他的大脑；大脑的运动来源于他的食欲；食欲来源于人的本能；而本能只能是来源于神。"这位机智的老师就是被恩格斯称为"最博学的人"的亚里士多德。

亚里士多德（公元前384～前322年）出生、成长在一个高贵而又充满着医学气氛的家庭。依照传统，亚里士多德本该继承父亲的衣钵，但他却在医药的熏陶中，表现出对科学的爱好。公元前367年，亚里士多德拜柏拉图为师，进入柏拉图的学园，钻研各种知识长达20年之久，成为同学中的佼佼者，被柏拉图称为"学园的精英"。柏拉图去世后，亚里士多德来到小亚细亚的阿索斯城，在城主赫尔麦阿伊斯的宫廷做客，并娶了城主的侄女皮提阿斯为妻，生有一女，与自己的母亲同名。皮提阿斯死后，亚里士多德与他的侍女赫尔皮利斯同居，得一子，取名尼科马霍斯。

公元前343年，亚里士多德被聘为马其顿国王腓力二世的儿子、13 岁的王子亚历山大的老师。公元前 335 年，亚里士多德结束了在马其顿的寓居生活，回到希腊，在雅典阿波罗圣林的吕克昂体育场开办了一所学园，并得到了已经继任马其顿国王的亚历山大的巨额经费支持。因为他经常率领弟子在学园的林荫道上边散步、边讲课，所以他的学派被称为“逍遥学派”。亚里士多德大部分作品就是在他主持学园的 13 个年头里完成的。

亚里士多德是古代世界中最博学的人。他创造性地总结了前人的研究成果，对当时已知的各个学科如伦理学、政治学、经济学、战略学、修辞学、文学、物理学、医学等都做出了有意义的探索，并开辟了逻辑学、动物学等新领域。可以毫不夸张地说，亚里士多德的研究成果代表了古希腊科学的最高水平。

作为形式逻辑的创始人，亚里士多德提出了归纳和演绎的思维方法，提出并阐释了同一律、矛盾律和排中律这些思维的基本规律，他所规定或发现的原则和范畴以及所使用的某些专门词语，至

·《伊索寓言》·

《伊索寓言》是世界上最古老的寓言故事集。相传它的作者伊索是古希腊的一个奴隶，他以其才智受到主人的赏识，被允许可以四处游历。他所创作的小故事加上民间流传的故事，经后人的整理汇编得以流传下来。

《伊索寓言》的内容极为丰富，大多采用拟人化的手法，用一个简短的动物故事来说明一个道理或人生经验，表达了作者对社会和自然界的看法。其中的《龟兔赛跑》《狐狸与葡萄》《乌鸦与狐狸》《农夫和蛇》等在中国广为流传，成了人们熟知的典故。

今仍为逻辑学教科书所采用。作为动物学的开创者，他的许多观察和实验，得到了后来的生物学家和医学家的首肯。林耐和居维叶是达尔文所崇拜的偶像，但达尔文说，这两人比起亚里士多德，只不过是小学生而已。在哲学上，亚里士多德肯定客观世界是真实的存在，认为人类的认识来源于对外界事物的感觉。他创立了自己的“四因说”（质料因、动力因、形式因和目的因），认为一切事物的产生、运动、和发展，都不外是这4种原因的作用的结果。在政治学方面，亚里士多德详细地比较研究了君主、贵族、共和、僭主、寡头和平民6种政体，他主张法治，认为“法律是不受情欲影响的理智”。文学方面，他广泛考察了美学和文艺理论的一系列问题，如文艺的产生和分类、文艺与现实的关系等，认为文艺有深刻的社会意义。此外，亚里士多德的学说对基督教影响甚巨，13世纪中期，亚里士多德的著作成为英、法、德、意等地区基督教学校的必修科

雅典学院

此壁画是拉斐尔为梵蒂冈教皇宫殿所绘。图中柏拉图和亚里士多德师徒正在门厅闲谈，其他不同地域和不同学派的著名学者在自由地讨论。画面以柏拉图与亚里士多德为中心，而这师生二人同是历史上伟大的思想家。

目，而 14 世纪巴黎的文教法令则规定，学校除圣经外，所有的世俗知识都应该在亚里士多德的著作中寻求指导。

公元前 323 年，亚历山大大帝病死后，雅典成为当时反马其顿运动的中心。由于是亚历山大的老师，亚里士多德被迫从雅典出逃，前往优卑亚岛的卡尔喀斯城避居，并于次年辞世，享年 63 岁。

亚里士多德对世界的贡献是空前绝后的，绝对称得上是伟大的、百科全书式的科学大师。因此，后人将他与其师柏拉图还有苏格拉底并称为古希腊三贤，也有人将这三人喻为“古希腊科学史上的三座高峰”。

古希腊的戏剧节

在古希腊，除了奥林匹亚竞技会，就属雅典戏剧节最重要了。每年的 3 月底 4 月初，葡萄丰收的时候，雅典就会祭祀酒神狄俄尼索斯，并在此期间举行戏剧比赛，许多雅典人、外邦人甚至外国人都赶来观看。

雅典当时约有 30 万人，但只有 4 万公民（18 岁以上的男性自由民）。在戏剧节期间，雅典城不仅政府机关放假，店铺歇业，老人、妇女、儿童、奴隶甚至连囚犯都被押着出来看戏。到了伯里克利当政时期，为了鼓励公民看戏，曾下令颁发看戏津贴，所以穷人也有机会来看戏了。而最尊贵最风光的人则是狄俄尼索斯的祭司，此外还有雅典的官员，友邦的使节、贵宾。

剧场在雅典城里的一个小山下，大概能容纳 2 万人。整个剧场依山坡走势凿成，一级级的观众席位一直排到山脚下，舞台的平地用大理石和木料筑成，席位间有供人行走的通道。整个剧场呈半圆形的扇面状，所以又被称为圆形剧场。观众席前面是圆形舞台，另一边是歌队的乐台。

戏剧节原来只演悲剧，后来也允许演喜剧。在戏剧演出之前，编剧、演员、歌队的队长和观众见面，观众们将用橄榄枝编的花环戴在他们的头上。介绍仪式完了之后，观众都露天而坐，纷纷入席，演员则开始登台表演。在一天内舞台上要演好多场戏剧，而且中间不休息，所以观众看戏的时候，都带着葡萄酒和各种美味的食物。如果戏演得好，大家就聚精会神地看，鼓掌喝彩；如果戏演得很一般，大家就在座位上喝酒吃肉；如果戏演得很差，那么观众可就不客气了，他们就将果皮、瓦罐、石头扔到舞台上，把演员们轰下去，要求换下一出戏。

戏剧开始后，随着乐队奏起悠扬的音乐，观众们很快安静下来。当时的乐队只有两个乐师，一个弹奏竖琴，一个吹双管笛。音乐响起后，由 12 个人组成的歌队放开歌喉，开始演唱。随着歌声响起，演员们陆续登台，表演戏剧。原来舞台上只有一个演员，并且只穿一身衣服。扮演不同角色时，演员就换上不同的面具，一个人站在台上自言自语。后来古希腊“悲剧之父”埃斯库罗斯首创由两个演员穿上不同的漂亮衣服同时登台表演，这样一来，两个演员就可以在台上对话了。他还使用高底靴等道具，使戏剧更具有观赏性。到了有“戏剧艺术的荷马”之称的索福克勒斯时，台上又增加了一个演员，使人物之间的冲突表现得更加激烈。

公元前 484 年春，埃斯库罗斯在戏剧比赛中第一次获胜。他从小就具有正义感和爱国热情，曾参加过马拉松之战，抵抗过波斯侵略者。一生共创作了70个剧本，13次获奖。他的代表作《被囚的普罗米修斯》中所塑造的偷火的普罗米修斯成了人类文明的象征。他死后，他的儿子把他的遗作拿出来上演，依然大受观众欢迎。后来又出现一个戏剧奇才——索福克勒斯，他一生创作了123个剧本，参加了30次比赛，24次获奖。他的代表作《俄狄浦斯王》成为后世美学讨论不尽的话题，首开欧洲悲剧之先河。为了表彰索福克勒斯对戏剧的贡献，伯里克利授予他“雅典十大将军之一”的光荣称号。欧里庇德斯被称为“舞台上的哲学家”，是继索福克勒斯之后的又一个戏剧天才，他把悲剧的主角变为普遍人物，并开始将喜剧融入悲剧，对以后的古罗马喜剧和近代欧洲戏剧都产生了深远的影响。他一生共创作了92个剧本，5次获奖，代表作《美狄亚》被认为是世界

俄狄浦斯与斯芬克斯

这是《俄狄浦斯王》中经典的一幕。斯芬克斯以狮身人面的形象出现，显出一种扭曲的美，与俄狄浦斯健壮的身体和英雄的举动形成了鲜明的对比。

戏剧舞台的典范。埃斯库罗斯、索福克勒斯和欧里庇德斯被称为古希腊三大悲剧诗人。

此外，还有被称为“喜剧之父”的阿里斯托芬。他生活在希腊历史上的多事之秋，在他的戏剧里，他对当时社会上的种种丑恶现象进行了无情的讽刺和挖苦，嘲笑了当时的贵族。他一生共写过 44 部喜剧，传世的有 11 部，代表作是《鸟》。

太阳落山了，戏剧也结束了。人们三三两两地走在回家的路上，还意犹未尽地议论着戏剧的内容。在清澈如水的月光照耀着的雅典的大街小巷，人们还在高声吟咏着戏剧中的经典对白……

奥林匹亚竞技会

公元前 480 年 6 月，波斯王薛西斯率领大军横扫希腊北部，逼近温泉关。他惊讶地发现只有几千希腊人守卫在这里，一个希腊叛徒告诉他：“希腊人正在举行奥林匹亚竞技会，在此期间希腊人禁止一切战争。”薛西斯才恍然大悟。

古希腊的奥林匹亚竞技会起源于公元前 776 年，这也成为希腊纪年的开始，每隔 4 年在希腊南部的奥林匹亚举行，在此期间，希腊各城邦一律休战，甚至在外敌入侵时也将竞技会放在第一位。

关于奥林匹亚竞技会的来源，有好几个传说。第一个传说是宙斯的儿子大力神赫拉克勒斯同别的神打仗，获得了胜利，就在奥林匹亚举行祭祀父亲宙斯的盛会。结果在会上，赫拉克勒斯与兄弟们争吵起来，发生争斗，后来就演变成奥林匹亚竞技会。

第二个传说是古希腊伊利斯城邦国王依斐多在位时，因与斯巴达争夺奥林匹亚而爆发战争，人民苦不堪言。依斐多便向太阳神阿波罗祈祷，希望停止战争。阿波罗告诉他，只要在奥林匹亚举行竞技会，就可免除战争之苦。于是战争双方订立《神圣休战条约》，将奥林匹亚定为竞技场和和平圣地，提倡“不用武器和流血，而用力量和灵敏来确立人的尊严”。条约规定在竞技会举行期间，希腊各城邦都要实行“神圣休战”，如果有人或城邦挑起战争，将受到严厉惩罚，从此开始了4年一次的奥林匹亚竞技会。

第三个传说流传最广，传说伊利斯国王的女儿希波达弥亚，以美貌闻名希腊，很多希腊青年前来求婚。但神警告伊利斯国王，如果他的女儿结婚，那么他就会死，于是国王决定杀死所有求婚者。国王向求婚者们说，要娶公主必须和他赛车，谁赢了他就可以娶公主，但在比赛时被他追上将会被他的长矛刺死。仗着从战神那儿得来的宝马，国王接连刺死了13个失败者。海神的儿子珀罗普斯对希波达弥亚一见倾心，决定冒险。他说人总是要死的，与其愁苦地坐等暮年的到来而一事无成，不

帕拉伊斯特拉遗址

奥林匹亚考古遗址中的许多建筑和设施都是为体育比赛修建的。帕拉伊斯特拉是一座四边形建筑，里面有用柱廊围成的供训练用的中庭，中庭四周有浴室、更衣室等设施。

如去做一次光荣的冒险。海神被儿子感动了，送给他“永不疲倦”的四马飞车。国王的车夫同情珀罗普斯，在国王的马车上做了手脚，结果在比赛时，国王翻车摔死，珀罗普斯取得了胜利，娶希波达弥亚为妻，并成了伊利斯国王。为了庆祝胜利，珀罗普斯在奥林匹亚的宙斯神庙前举行了盛大的竞技会，传说这就是第一届奥林匹亚竞技会。

奥林匹亚竞技会在开赛前，要先在希腊神话的主神宙斯的神庙前举行盛大的祭祀，然后再开始竞技。参加比赛的人必须是希腊人，妇女、奴隶、犯叛国罪者、对神不敬者和外国人都无权参加。最早的竞技项目只有一项200码（约182米）的短跑，后来逐渐增加了摔跤、铁饼、标枪、跳远、射箭、赛马和赛车等项目。其中最受观众欢迎的是赛车，比赛时，骏马奔腾，车轮滚滚，观众欢呼不已，方圆几十里都可以感受到热烈的气氛。但由于比赛规定参赛选手必须自备马匹和车辆，所以只有贵族和富人才能参加。

比赛结束后，人们把用月桂枝叶编成的桂冠戴在获胜者头上，以示祝贺。带桂冠的胜利者比戴王冠的国王还要受人尊敬，在竞技会闭幕式上，将举行盛大的宴会来款待他们。获胜者回到自己的城邦后，人民将他看作凯旋的英雄，有的城邦还专门举行凯旋式，让他们像征服者那样入城。如果是一个雅典人获胜，他还可以获得500银币的奖励。

由于奥林匹亚竞技会上的选手们都赤身竞技，所以严禁妇女观看和参赛。一经发现，妇女将会被抛下悬崖。传说有个名叫费列尼卡的妇女，出身于体育世家。她身体强壮，喜爱竞技，是儿子的角力教练。当她的儿子进入角力决赛时，她非常激动，女扮男装到赛场观看。最终她的儿子获得冠军，她情不自禁地跑向竞技场向儿子祝贺。结果暴露了自己的身份，招致杀身之祸。后来因为她家世代对竞技会做出过巨大贡献，才免于一死。

公元394年，信奉基督教的罗马皇帝狄奥多西认为奥林匹亚竞技会是异教徒活动，所以下令禁止举办。直到1896年，追述古希腊竞技精神的奥林匹克运动会才再次举行。

和平撤离

公元前494年的一天，一队愤怒的罗马人携带武器和生活用品浩浩荡荡离开罗马城，向城东的圣山走去。

“哼！太令人气愤了！一个不把保卫者当公民的城市，有什么值得留恋的！我们离开这里，寻找新生活！”一个罗马人气愤地说。

“我们拼命作战，保卫罗马，可战利品却全被那些贵族占有！我们在前线浴血奋战的时候，他们还在家里享福呢！凭什么！”另一个罗马人也很气愤。

“走！离开罗马！再有外敌入侵，让那些贵族自己去保卫吧！”这队罗马人边走边说。看到他们离开罗马，其他的罗马平民也加入了他们的行列。

这是怎么回事呢？原来罗马城经过不断发展，一小部分富裕的平民上升为贵族，而罗马城中人数最多的是平民，平时发动对外战争和保卫罗马主要靠的是平民组成的罗马军团。罗马实行的是公民兵制，每一个平民都要参军。罗马为了扩张，对外战争不断，平民们常年在战场上奋勇杀敌，流血牺牲。他们的田地无人耕种，应交纳的赋税无法完成，欠下大量债务，不少战士的家庭破产。但是，贵族们却想方设法剥削平民，使他们破产。这样，他们就可以占有平民的土地，甚至把他们变成自己的奴隶。

终于，平民们实在无法忍受了，纷纷结队出走，就出现了本文开始时的一幕。平民的大量撤离，大大削弱了罗马的武装力量，北方的高卢人得知这一消息，立即派大军南下，进攻罗马。这一下，罗马贵族可慌了神，他们急忙派代表去和平民们谈判。

通过多次的协商，平民与贵族达成协议：罗马政府设置保民官和平民大会。罗马保民官从平民中选举，其职责是保障平民的权利。他的人身权利神圣不可侵犯，任何人不得伤害。保民官权力极大，有权出席元老院会议，否决任何人的裁判和提议。后来，平民又获得了担任市政官、军团司令官的权利。平民大会起初只对平民有效，经过斗争，贵族们最终承认平民大会决议对全体罗马人生效。和平撤离取得了初步的胜利。

平民的权利虽然有了一定的保障，但在实际生活中，贵族侵犯平民利益的事情还是经常发生。平民一旦与贵族发生争执，就得依据罗马的传统习惯（有法律效力）进行处理，而习惯的解释权掌握在罗马贵族手里，这对平民相当不利。

公元前462年，罗马保民官建议，编纂一部成文法典，建设公平的法律制度。提议遭到罗马贵族的反对，为了支持保民官，也是为了争取更多的权利，平民们再一次选择了撤离。经过多次的斗争和反复的谈判，罗马贵族终于妥协。公元前450年，罗马制定并颁布了著名的《十二铜表法》，它是罗马传统习惯的汇编，

罗马执政官出行图

虽然维护的是罗马贵族的利益，但成文法的公布，有效地限制了贵族们对法律的任意曲解，这在人类历史上是一个伟大的进步。

平民的斗争与贵族的妥协，提高了国家的凝聚力，罗马走向强大。此后100多年间，罗马不断发动对外战争，征服了大量的部落，疆域不断扩大。随着社会财富的增加，平民与贵族的矛盾转移到经济领域，平民们经过10年斗争，公元前367年，罗马通过了李锡尼和赛克斯都法案，其内容为：平民所欠债务，已付利息作为偿还本金计算，未偿还部分分3年归还；占有公有地的最高限额为500犹格；两个执政官之一须为平民担任。这一法案的通过，是平民斗争的重大胜利，平民由此获得了担任罗马所有高级官职的权力。

公元前287年，平民举行了最后一次撤离，罗马贵族再一次

·《十二铜表法》·

《十二铜表法》是古罗马第一部成文法典。公元前454年，罗马元老院被迫接受人民会议要求制定法典的决议，选出10人组成的编纂法典委员会，负责制定法典。公元前451年，委员会制定了法律十表，第二年又补充了两表，公布于罗马广场。因为各表都由青铜铸成，所以习惯上称为《十二铜表法》。其主要内容包括传唤、审判、债务、家父权、继承及监护、所有权及占有、房屋及土地、私犯、公法、宗教法、前五表补充和后五表补充。法典明文规定了奴隶主贵族的利益和维护私有制，保护罗马公民的私有财产。此外，法典还禁止贵族与平民通婚。

妥协。这次斗争得结果是颁布了一项法律，重申平民会议对全体公民都有法律效力，平民对贵族的斗争取得了巨大的胜利。

帝国争战时期

罗马军团

王政时代，罗马军队主要是由氏族部落组成，有3000步兵和300骑兵。公元前6世纪，罗马人学会了重装步兵方阵。塞尔维乌斯按照地域和财产进行改革，建立了公民兵制，规定凡是17～60岁的罗马公民都有自备武器服兵役的义务，这样就扩大和改组了军队。

共和国初期，罗马军队分为两个军团，分别由两个执政官指挥。每个军团的主力是3000重装步兵，另外还配有少量轻装步兵和骑兵。

公元前4世纪，为了适应长期战争的需要，罗马著名军事统帅卡路米斯进行了军事改革，开始实行军饷制。罗马军团被分成30个连队，每个连队有两个百人队。同时，他废除了原来按财产等级列队的传统，按照年龄和经验把军队分为枪兵、主力兵和后备兵，排成三队。第一排是年轻的投枪兵，第二排是有经验的主

罗马战车
这种战车并没有在战争中大量使用，它只是公众游戏中的景象，这种游戏在罗马帝国的主要城市举办。

力兵，第三排是最有经验的老兵。作战时，第一排的投枪兵先向敌人投掷长枪，这种长枪长达 2 米，装着锋利的金属矛头，再加上强大的冲击力，足以刺穿敌人的盾牌和铠甲。投枪兵投掷完长枪后，迅速后撤。第二排主力兵上前手持盾牌和利剑，同敌人展开厮杀。如果不能取胜，那么最有经验和战斗力最强的老兵们就投入战斗。

罗马军团士兵

罗马军队中训练最好的是 15 万名罗马军团士兵。他们训练有素，装备精良。

罗马军队有一个规定，军队在野外宿营时，哪怕是只住一晚也要也必须挖壕沟，筑高墙，以防备敌人偷袭。他们纪律严明，如果有人胆敢违抗命令，立即处死。打仗时，如果全队都当了逃兵，那么罗马将军就将他们排成一排，每隔 9 个人处死 1 个。如果作战有功，不管是士兵还是军官，都有赏赐。

公元前 2 世纪，罗马占领迦太基后，将那里变成了罗马的阿非利加行省。罗马的商人来到这里掠夺搜刮，并向紧邻迦太基的努米比亚国渗透，激起了当地人民的强烈愤怒。努米比亚国王朱古达派军队对当地的罗马人大肆屠杀，于是罗马向努米比亚宣战。朱古达用金钱贿赂罗马将领，罗马士兵为了金钱甚至把武器卖给努米比亚人。这场战争一连拖了好几年，罗马始终无法战胜努米比亚，引起了罗马民众的强烈不满。罗马贵族马略当选为罗马执政官，并担任军事统帅。

为了战胜努米比亚，马略进行了一系列的军事改革：一、用募兵制代替征兵制。当时罗马平民要有一定的财产才能当兵，符合这一要求的人并不多。为了扩大兵源，马略采用了募兵制，吸引了大批的无产者参军。二、延长服兵役的时间。以前打仗的时候，罗马军队都是临时征集的，打完仗后就解散回家。公民服完16次兵役后就解除义务。马略将公民的兵役时间规定为16年，这就将民兵变成了职业化军人。三、给士兵发军饷。士兵服兵役期间，必须脱离生产，为了使士兵的生活有保障，马略规定士兵可以从国家领取军饷。战争胜利后，士兵还可以获得战利品。四、有了充足的兵源后，马略对罗马的军团制度进行了大规模调整。用联队军团代替了三列军团。五、改进武器装备，给重甲兵配备标枪和短剑。六、严格训练，最大限度增强军队的战斗力。

经过改革，马略率领罗马军团很快战胜了努米比亚，接着又战胜了日耳曼人，镇压了西西里岛的奴隶起义。罗马就凭着这支勇猛作战的军队征服了地中海沿岸的土地，将地中海变成了罗马的内湖，成了一个横跨亚非欧三大洲的大国。

马其顿的年轻统帅

亚历山大头像

马其顿原来是希腊北部一个落后的奴隶制王国，它积极吸收与它相邻的先进希腊文化和技术，采用希腊文字，逐渐强大起来。公元前4世纪，马其顿国王腓力二世征服了国内没有降服的部落，占领了沿海的海港，实力越来越强。

有一次，腓力二世买了一匹高头大马，在城郊的练马场试马。许多骑手都轮番上阵，企图驯服这匹烈马。但骑手们一骑上马背，烈马就前蹄腾空，又蹦又跳，狂嘶不已，将骑手一个个摔倒地上，在场的人都哈哈大笑。腓力二世见没有一个人能驯服这匹烈马，正想下令让人牵走，忽然听到身旁12岁的儿子亚历山大说："不是驯服不了，只是因为他们的胆子太小了。"腓力二世生气地说："不许讥笑比你年长的人！因为你也驯服不了！""我去试试！"腓力二世正想阻止，但亚历山大已经向烈马跑去了。

亚历山大一手牵着缰绳，一手轻轻抚摸着马的鬃毛。他发现马非常害怕自己的影子，就慢慢地把马头转过来朝向太阳。突然，亚历山大以迅雷不及掩耳之势一跃而起，跳上了马背。受惊的烈马人立而起，仰天长嘶，企图将亚历山大掀下马背，但亚历山大牢牢地抓着缰绳，双腿紧紧夹着马腹，稳如泰山。烈马又开始疯狂跳跃，在场的人脸都吓白了，可亚历山大却毫无惧色。烈马长嘶一声，风驰电掣般向远方跑去，眨眼间就在人们的视线中消失。腓力二世焦急万分，急忙派人前去追赶。过了一会儿，满身大汗的亚历山大骑着马回来了，那匹烈马十分驯服地听从他的指挥，全场的人都惊呆了。从此，腓力二世决定将胆识过人的亚历山大培养成自己的接班人。

腓力二世不惜重金，请全希腊最著名的学者亚里士多德担任亚历山大的家庭教师。亚里士多德努力教导他热爱希腊文化，征服科学的世界，但亚历山大想征服的却是现实中的世界。他非常喜欢读《荷马史诗》，枕边就放着《伊利亚特》。亚历山大最崇拜希腊神话中的英雄阿基里斯，希望有朝一日能像他一样，建立丰功伟绩。

当时希腊各城邦内战不止，实力受到严重削弱。腓力二世看准时机，发动战争，企图征服全希腊，成为希腊之王。公元前338年，腓力二世和亚历山大与雅典和底比斯两个城邦的军队在希腊中部的喀罗尼亚相遇。交战前，马其顿排成了一个16排的方阵。方阵中的每个士兵都一手拿着一面可以遮住全身的大盾，一手拿着一根长达5米的长矛。后排的士兵将长矛放在前排士兵的肩上，前方和两侧是骑兵。腓力二世将马其顿的骑兵集合起来，形成强大的进攻力量。他亲自担任统帅，指挥右翼，任命亚历山大为副统帅，指挥左翼。

战斗开始后，双方杀得难分难解。底比斯的“神圣部队”突破了腓力二世的右翼，贪功冒进，导致战线拉长。亚历山大抓住战机，率领骑兵迅猛出击，将希腊人打得大败。这场战争后，希腊人再也无力抵抗马其顿人了，希腊并入了马其顿王国。公元前336年，腓力二世在女儿的婚礼上不幸遇刺身亡，年仅20岁的亚历山大继任为马其顿国王。

希腊各城邦见腓力二世死了，纷纷摆脱马其顿，宣告独立。年轻的亚历山大此时显示出了他的雄才大略，他迅速平定了宫廷内乱，镇压了国内叛乱的部族，随后将矛头指向了反叛的希腊城邦。

当时希腊各城邦分为反马其顿派和亲马其顿派。反马其顿派希望重获独立，而亲马其顿派则希望马其顿统一希腊，然后远征东方，掠夺波斯的财富。亚历山大亲率大军进攻反马其顿的底比斯城邦，将它变成一片瓦砾，把城中居民统统变卖为奴隶。希腊各城邦害怕了，又纷纷表示归附。

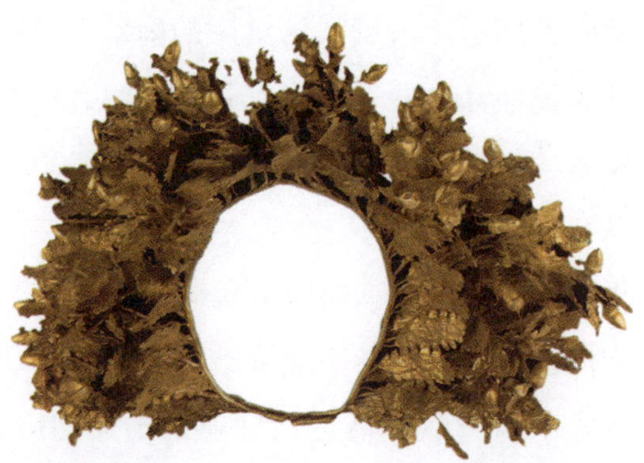

金橡叶花冠
亚历山大从他的父亲腓力二世那里得到的佩饰。

公元前334年，亚历山大率领3.5万军队和160艘战舰远征波斯。临行前，他将自己的所有财产都分给将士。将士们问他："陛下，您把财产都分给我们，那您给自己留下了什么呢？"

"希望！"亚历山大说，"我把希望留给自己，它将带给我无穷无尽的财富！"

将士们被亚历山大的豪言壮语感动，他们齐声呐喊，誓死追随亚历山大，从此踏上远征之路。

征服波斯

公元前334年，亚历山大率领一支包括步兵3万人、骑兵5000人和160艘战舰组成的马其顿和希腊各邦联军，浩浩荡荡地渡过赫勒斯滂海峡，登陆小亚细亚，踏上了波斯的领土。

当时波斯国王大流士三世昏庸无能，国内政治腐败，内部矛盾重重。大流士三世闻讯大为惊恐，急忙派2万波斯人和2万希腊雇佣军前去迎战。两军在马尔马拉海南岸的格拉尼科斯附近交战，波斯军队占据了河对岸的高地，以逸待劳。亚历山大不顾部队长途跋涉的疲劳，率军强行过河，向波斯军队发起进攻。波斯军队一触即溃，士兵们纷纷逃亡，2000人被俘，而亚历山大的军队只损失了百余人。

首战告捷后，亚历山大继续南下，扩大战果。公元前333年，亚历山大在伊苏斯迎战大流士三世亲自率领的16万波斯大军。大流士三世率领军队迂回到亚历山大的后方，企图围歼亚历山大。在这危急时刻，亚历山大当机立断，亲自率领精锐骑兵，向大流士三世率领的中军发起冲锋。马其顿骑兵锐不可当，势如破竹，波斯人或死或逃。大流士三世吓得魂飞魄散，急忙掉转马头，落荒而逃，连自己的弓、盾和王袍都丢掉了。其他的波斯将领见国王跑了，都无心再战，也纷纷逃亡。远征军趁机大举进攻，大获全胜。这场战役，波斯人损失了10万步兵、骑兵，辎重全部丧失，连大流士的母亲、妻子和两个女儿也被俘虏，而远征军仅损失5000人。亚历山大看到大流士三世豪华的帐篷后，羡慕不已，

这是一幅表现不戴头盔的亚历山大大帝追击大流士战马的图画

说:“这才像个国王啊。”这场战役后，远征军获得战争主动权。

为了赎回自己的母亲和妻女，大流士三世派使者前去觐见亚历山大。使者战战兢兢地说:“尊敬的亚历山大陛下，为了两国的和平，我们大流士三世陛下愿意将我们美丽的公主嫁给您，并将幼发拉底河以西的全部领土和10000塔兰特作为嫁妆，请求您放回我们大流士三世的母亲和妻女，并各自停战。不知陛下意下如何？”

亚历山大还没有回答，一旁的大将帕曼纽两眼放光，兴奋地说:“这么丰厚的条件！如果我是亚历山大，我肯定会同意的!”

亚历山大轻蔑地看了他一眼说:“可惜我不是愚蠢的帕曼纽。我是亚历山大，我不会答应的。我要的是整个波斯帝国，而不是部分！我要做全亚洲的统治者！回去告诉大流士，要么投降，要么继续和我战斗！”使者灰溜溜地回去了。

公元前332年，亚历山大沿地中海东岸挥军南下，进入埃及，将埃及从波斯人的手中解放出来。埃及祭司为了表达对亚历山大的感激之情，宣布他为“阿蒙神之子”，亚历山大又自封为埃及法老，还在尼罗河口兴建一座城市，并以自己的名字命名，这就是今天的亚历山大港。

战败的大流士逃到幼发拉底河，在这里重整旧部，又招募军队，准备与亚历山大决一死战。10月1日，在尼尼微附近的高加米拉原野，大流士三世的军队与亚历山大的军队再次相遇。大流士对此役做了充分的准备，他调集4万骑兵，100万步兵，还有200辆装有刀剑的战车及15头战象，布置于开阔的高加米拉平原。大流士认为这是最适宜骑兵、战车作战的地方，他命令士兵铲平地面，移走障碍物，高加米拉平原显得更加空旷了。大流士吸取了伊苏斯战役的教训，还给士兵配备了更长的矛，并在战车上装备长刀，试图突破亚历山大的方阵。

大流士将军队分为两个方阵排列：第一方阵为主力部队，排成前后两条战线。战线的左、右翼骑兵和步兵混合在一起，中央由大流士亲率皇族弓箭兵、步兵和骑兵及其他城邦联军组成纵深队形。第二方阵排列在第一方阵正前方。方阵的中央为15头战象和50辆战车，大流士的御林军骑兵紧跟其后；方阵左翼为100辆战车及西亚骑兵；右翼为50辆战车及亚美尼亚和卡帕多西亚骑兵。

亚历山大趁大流士尚在设防之际，亲率一支精锐骑兵勘察地形，巡视敌情，把对方的战略部署搞得清清楚楚。后方部队则一边加固防御工事，一边休养整顿。

当波斯和马其顿军队接近时，亚历山大并没有直接进攻，而是向波斯军的左翼斜向移动。大流士担心亚历山大攻击左翼，也跟着平行移动。渐渐地，队伍走出了波斯人特意平整过的地带。这时大流士开始警觉起来，他担心精心准备的战车失去作用，便立即命令左翼部队赶紧绕过亚历山大的右翼，阻止其继续右移。双方侧翼骑兵开始了激战。数量明显占优的波斯军，因为骑兵和马匹都有铠甲保护，致使亚历山大骑兵伤亡惨重，败下阵来。亚历山大急忙调骑兵支援，勇猛的骑士连续向波斯军左翼发起冲锋，终于将波斯军击退。

大流士看到其左翼的击战正酣，趁势发动长刀战车冲向对方的方阵，试图冲散对方。当他们接近时，马其顿方阵前方的弓弩手、标枪手上前迎战，有效地阻止了大流士的进攻。

大流士下令右翼开始进攻对方左翼，亚历山大则命令攻击那些迂回到马其顿右翼的波斯军，两翼骑兵的进攻使大流士中央部队现出了一个漏洞。

亚历山大亲自率领马其顿方阵和骑兵，还有预备方阵向内旋转，形成一个劈尖，直插大流士的阵营。波斯军顿时乱了阵脚，被冲得七零八落，再也组织不起有效的进攻。大流士见大势已去，仓皇逃走。

公元前330年春，亚历山大引兵北上追击大流士，大流士被其部将谋杀，古波斯帝国阿黑门尼德王朝灭亡。

亚历山大之死

大流士死后，波斯帝国灭亡，亚历山大的军队占领了波斯全境。按理说，以进攻波斯为目标的东征该结束了，但是，亚历山大的野心太大，仅仅占领波斯不能让他满足，他要征服世界，他要做万王之王。于是，他借口追击波斯残余势力继续率军东进，于公元前329年侵入巴克特里亚，抓获背叛并杀死大流

在一次突围中，亚历山大骑着爱马布斯法鲁斯率军粉碎了波斯军队的进攻。该图见于他的下属西顿王的石棺。

希腊化时期神庙中残留的柱子，充分体现了这一时期的建筑特色。亚历山大的东侵使地中海东部地区进入“希腊化时期”，古典希腊文化流布于各地。

士的拜苏斯，将他处死。中亚地区的民族都骁勇善战，他们不服从亚历山大，不断反抗。花费了两年多的时间，亚历山大才将各地的反抗镇压下去。

安定好中亚后，公元前327年，亚历山大率军3万沿喀布尔河经开伯尔山口侵入印度。当时的印度，小国林立，内斗不止。印度河上游的旦叉始罗王与东邻的波鲁斯王严重不和，看亚历山大兵强马壮，旦叉始罗王便给他送来金银、牛羊、粮食，引诱亚历山大进攻波鲁斯。公元前324年4月，亚历山大从上游偷渡成功，在卢姆河畔消灭波鲁斯王大军2万余人，波鲁斯王投降。远征军抵达希发西斯河时，军中疫病流行，多年远途苦战加上久别故乡的疲惫，使将士们再也不愿前进了。亚历山大下令东进，但反复劝说，众将士仍不肯接受命令。无奈之下，亚历山大大帝被迫停止东征，传令撤军。公元前324年春，东征军返回巴比伦。

通过10年的征战，亚历山大建立起幅员空前的大帝国，帝国西起巴尔干半岛、尼罗河，东至印度河这一广袤地域，建都巴比伦。

亚历山大热爱希腊文化，在远征之前，他认为，只有希腊才是文明开化的民族，其他民族都是没有开化的野蛮民族；希腊文化是世界上最优秀的文化，其他地区没有真正的文化可言。因此，他东征的一个重大使命就是传播希腊文化，让世界上的其他民族共浴希腊文明的光辉。在东侵过程中，他沿途建设了许多希腊风格城市，有好几座还是以他自己的名字命名的，最著名的是埃及的亚历山大城，今天已经发展为埃及最大的海港。

但是，世界并不像亚历山大想象的一样，东方民族也同样是富有智慧和创造力的，也同样创造了灿烂的文明。亚历山大在东征时开始认识到这些，并逐步痴迷于东方文化。波斯人的君主体制，东方的奢华宫殿，东方的宗教都曾打动过他。因此，在传播希腊文化的同时，他也尊重其他地区的文化，并努力推动不同文化间的交流。为推动各民族的交流与信任，他自己就娶了大夏贵族罗可珊娜、波斯王大流士的女儿斯塔提拉等不同民族的妻子。他还鼓励马其顿将士和东方女子结婚，并宣布这样可以享受免税权利。他曾在苏撒举办盛大奢华的婚礼，那是他和斯塔提拉的婚礼，同时也是1万多名将士与东方女子的婚礼，亚历山大向这些

·亚历山大的遗产·

英雄长逝，靠武力征服建立起来的庞大的亚历山大帝国也随之瓦解。他的部将展开争权斗争，经长期混战，在原来帝国版图内形成了几个独立的王国，主要有马其顿希腊王国、埃及的托勒密王国和西亚塞琉古王国领域最大。它们分别在公元前168年、公元前30年、公元前64年并入罗马的版图。

新人们赠送了许多礼物。

从印度退兵后，亚历山大并不甘心，他在巴比伦整编军队，计划征服印度，进军迦太基，入侵罗马。但天并不遂人愿，公元前323年，这位不可一世的大帝突然死亡。关于他的死，众说纷纭，至今尚未有定论，成为历史上最大的悬案之一。亚历山大之死，大体有三种说法：第一种看法认为由于亚历山大长期在沼泽地区作战而染上恶性疾病去世；第二种看法是在首都巴比伦，亚历山大在一次宴会上喝得大醉以后，突然发烧，从此一病不起，不久去世；第三种说法是被部将安提帕特鲁毒死。

亚历山大是世界历史上的最伟大的人物之一，也是最具传奇色彩的、富有戏剧性的人物。他胸襟博大，满腔热情，充满了穿凿世界的朝气；他英勇善战，无往不胜，建立起不朽的事业；他年轻有为，英气勃勃，但又英年早逝，为后人留下许多想象。亚历山大的远征和亚历山大帝国的建立，当时给被征服地的人民带来灾难，但从历史角度看，它促进了东西方的文化交流，促进了东西方民族的了解与融合，推动了历史的发展。

孔雀王朝的阿育王

阿育王是古印度摩揭陀国孔雀王朝的第三代国王，他笃信佛教，所以被佛教典籍称为“无忧王”。

公元前327年，马其顿帝国亚历山大大帝率军越过兴都库什山脉，入侵古印度，遭到印度人的顽强抵抗。公元前325年，亚历山大从印度河流域退走，但他在旁遮普设立了总督，并留下了一支军队。

栏盾上的孔雀装饰

孔雀长久以来被印度尊为国鸟，象征着吉祥如意。据有些学者所称孔雀王朝“Maurya”就是由“mayura(孔雀)”这个单词发展而来的。这个图案见于桑奇大塔第2塔栏盾上的大印章上。

当时恒河平原最强大的国家是难陀王统治下的摩揭陀国。公元前327年，该国出身刹帝利的一名叫旃陀罗笈多的贵族青年，揭竿而起，组织了一支军队抗击马其顿的军队。公元前324年，他率军直抵摩揭陀国首都华氏城（今印度巴特那），推翻了难陀王的统治，定都华氏城。因为他出身于一个饲养孔雀的家族，所以就把他建立的新王朝叫孔雀王朝。旃陀罗笈多建国后大肆对外扩张，吞并周边许多国家。孔雀王朝的版图不断扩大，军事势力也很强，拥有3万骑兵、60万步兵和9000头战象。

公元前298年，旃陀罗笈多逝世，他的儿子频头沙罗登基。频头沙罗在位期间，继续对外扩张，消灭了16个大城君主，继续扩大帝国的版图。但这时孔雀王朝的统治并不稳定，各地经常发生叛乱。

公元前273年，频头沙罗病逝，死前没有立太子，为了夺取王位，王子和公主们展开了残酷的厮杀。

王子之一的阿育王18岁时，被父王任命为阿般提省总督。不久西北部重镇叉始罗城叛乱，他又被任命为该地总督，率军前往镇压，叉始罗城闻风而降，从此阿育王崭露头角，积累了政治资本。父王病逝后，阿育王在大臣们的支持下，加入了争夺王位的斗争。经过4年的拼杀，阿育王杀死了99个兄弟姐妹，最终获得了胜利。公元前269年，阿育王举行了灌顶仪式（印度当时的登基仪式），成为孔雀王朝的第三代君主。

阿育王残暴成性，杀人无数。即位后，他专门挑选最凶恶的酷吏设立了“人间地狱”，残害国内百姓。对外则沿着祖父和父亲的步伐，继续对外侵略扩张，征服了湿婆国等很多国家。其中南征羯陵伽的战争，最为激烈。

羯陵伽位于今孟加拉湾沿岸，是古印度的一个强国，拥有骑兵1万，步兵6万，战象几百头，而且经济繁荣，海外贸易十分发达。公元前262年，阿育王率大军亲征羯陵伽。羯陵伽虽然实力强大，但面对实力数倍于己的孔雀王朝，最终还是失败了。15万羯陵伽人被俘，10万人被杀。杀人如麻的阿育王看到尸骨如山、血流成河的场面，也十分震惊。羯陵伽被征服后，孔雀王朝的领土又进一步扩大。整个南亚次大陆，东临阿撒姆西界，南至迈索尔，西抵兴都库什山，北起喜马拉雅山南麓，除了南端外，全部成为孔雀王朝的领土。孔雀王朝成为印度历史上第一个基本统一印度的王朝。

羯陵伽战争中尸山血海的惨状对阿育王震撼极大，他深感痛悔，从小埋藏在心中的佛性，终于被恻隐之心唤醒。战争结束后，他与佛教高僧优波毱多次长谈，大受感召，决心皈依佛教。此后阿育王改变了原有的治国方针，宣布以后不再发动战争。他发布敕令说，他对羯陵伽人民在战争中所遭受的苦难“深感悔恨”，今后“战鼓的响声”沉寂了，代替它的将是“法的声音”。

阿育王宣布佛教为印度的国教，下令在印度各地树立石柱、开凿石壁，将他的诏令刻在上面。他还召集大批佛教高僧，编纂整理佛经，在各地修建了许多寺院和佛塔。同时派出王子和公主在内的大批使者和僧侣到邻国去传教。在他的支持下，佛教日益传播，后来还传到了锡兰（今斯里兰卡）、埃及、叙利亚、缅甸、泰国和中国等地，成为世界性的宗教。对佛教发展历史来说，阿育王是仅次于释迦牟尼的重要人物。

第一次布匿战争

迦太基人是地中海西岸腓尼基人的后代。公元前4世纪，地中海的贸易被希腊人控制着，迦太基人就和罗马人结盟，共同对付希腊人。击败了希腊人后，为了争夺富庶的西西里岛和地中海的霸权，迦太基和罗马反目成仇，进行了三次大战。罗马人把迦太基人叫作布匿人，所以这三场战争在历史上被称为“布匿战争”。

罗马对外扩张时期，改进了战术，大量使用弓箭和投枪等投射武器，可以在远离敌阵的地方杀伤敌方阵中士兵。先前，罗马人曾排出长矛方阵与高卢人作战，当高卢的剑盾兵攻破了罗马人的侧翼后，罗马军队毫无反抗能力，只能在阵位上被杀死。这次惨败令罗马人意识到，长矛阵如果被突破就很难抵抗剑兵的进攻。于是，他们对方阵进行了革命性的改进，推演出罗马小步兵方阵

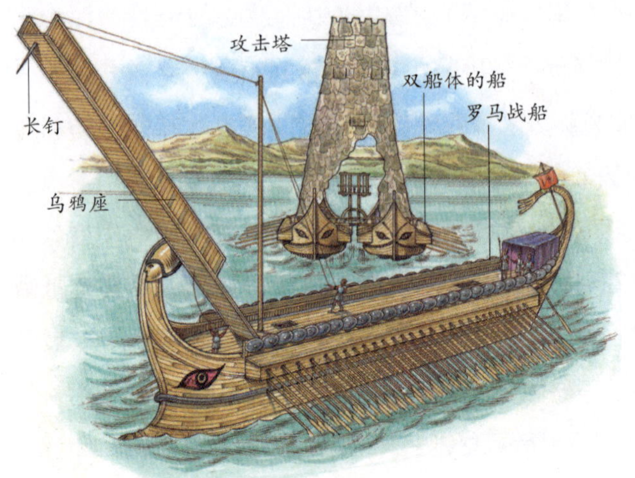

乌鸦座和塔
罗马人发明了抓钩武器"乌鸦座"，看起来就像巨大的乌鸦嘴。它是带钩子的踏板，能坠落到敌船的甲板上。特制的双船体的攻击船能用攻击塔射击敌人。

的战术。

公元前275年，罗马人击败皮洛士以后，很快统一了意大利半岛。随后，他们开始越过海峡，向海外扩张。公元前264年，西西里岛上的两个小城邦叙拉古和墨西拿发生争端，迦太基和罗马同时介入，双方为了各自的利益互不相让，展开激战。凭借战斗力极强的罗马军团，罗马人占领了富庶的西西里岛的大部分，并于公元前262年攻占了迦太基在西西里岛西南岸的据点阿格里真托，但西西里岛西部和沿海的一些要塞仍控制在迦太基人手中，他们凭着海军优势封锁了西西里海岸和意大利半岛。

罗马人在陆上的胜利，并不能击败迦太基的海上舰队。公元前261年，罗马人做了极为勇敢的决定，迅速建立一支拥有120艘大型战舰的海军。公元前260年，尚未成熟的罗马海军企图攻占梅萨纳，结果失败。这使罗马人认识到不做战术改良是战胜不了在海军方面训练有素、机动性和作战经验都优于自己的迦太基军队的。

那么，如何在海战中发挥罗马军团的陆上优势呢？

罗马人发明了新的海上战术：他们在战船上装一个在桥板顶端下面安有长钉的木板桥，也叫接舷吊桥，又称“乌鸦”。前进时，木板桥可以直立起来，用来阻挡敌人投掷的武器；接近敌船时，板桥可以左右摆动，当它落在敌船甲板上时，钉子马上把敌人船只抓住。这时，罗马军团就可以迅速通过板桥，与对方展开肉搏战。

罗马人对所有战船做了改进后，便开始向西西里北部进发，在米列海（今米拉附近）与迦太基海军相遇。用这种木板桥，罗马兵团把迦太基将士打得落花流水，这一次战役使罗马不仅在陆上，而且也成了海上强国。

公元前 256 年，罗马人派出一支约 5 万人、330 艘战船的庞大军队，开始进攻迦太基。不甘失败的迦太基海军调集更庞大的舰队在埃克诺穆斯海角攻击罗马战船，可是当两军遭遇时，“乌鸦”板桥又显示出了极大的威力，迦太基损失惨重。但是，远征迦太基本土的罗马陆军惨败，统帅雷古卢斯被俘获。前来接应的罗马海军收拾残兵败将，然后返航。不幸的是，罗马舰队在回国途中遭到暴风雨的袭击，损失惨重。罗马人进军非洲的计划虽然失败，但他们击败了迦太基强大的海军，获得了中部地中海的控制权。

公元前 242 年，罗马统帅卡托拉斯指挥 200 艘战船向西西里岛的利利贝奥和德里帕那发起突然进攻。迦太基闻讯非常震惊，立即派 400 艘战船出海，企图夺回这些港口。两军在爱加特斯岛附近展开激战，虽然迦太基战舰数量占优，但罗马“乌鸦”战船击沉迦太基战舰50艘，降俘70艘。结果，罗马大胜，迦太基被迫求和。

根据合约，迦太基把西西里岛及其与意大利之间的岛屿全部让给罗马，并赔款3200塔兰特。第一次布匿战争以迦太基的失败而告终。

坎尼之役

第一次布匿战争以迦太基的失败告终，迦太基被迫割让西西里岛，付给罗马大量的赔款。迦太基人不甘心失败，卧薪尝胆，决心再与罗马一争高下。公元前237年，迦太基统帅哈密尔卡带着自己的儿子汉尼拔来到西班牙建立新迦太基城，作为反击罗马的基地。为了复仇，哈密尔卡对儿子进行了严格的训练。汉尼拔9岁时，父亲命令他跪在祭坛前发誓：决不与罗马人为友，一定要为迦太基报仇。在父亲和姐夫的教导下，汉尼拔成长为一名优秀的统帅。他胆识过人，足智多谋，而且善于用兵，深受部下的爱戴。有人曾这样描述汉尼拔：没有一种劳苦可以让他身体疲倦和精神沮丧，酷暑和寒冬他都可以忍受。深夜里，他经常裹着一个薄毯子和普通士兵睡在一起。无论是在骑兵还是在步兵中，总是冲在最前面。战斗时，他总是第一个投入战斗。战斗结束后，他总是最后一个离开战场。

后来父亲战死，25岁的汉尼拔成了迦太基驻西班牙的最高统帅。完成了作战准备后，汉尼拔开始进攻罗马在西班牙的盟友——萨贡姆城。罗马对汉尼拔发出警告，但汉尼拔不屑一顾，很快攻占了萨贡姆城。公元前218年，罗马对迦太基宣战，第二次布匿战争开始。

汉尼拔闪电般地击败了在西班牙的罗马人，随后，率领5万步兵、1.2万骑兵和37头战象，从新迦太基城出发，开始了远征。当他们到达意大利北部时，全军只剩下2万步兵，6000多没有马的骑兵和一头战象了。与罗马有仇的高卢人纷纷加入汉尼拔的队伍。

经过短暂的修整，汉尼拔的大军主动出击。罗马人惊惶失措，以为汉尼拔是从天而降，仓促迎战，结果被打得大败，连罗马人的执政官都被杀死。

公元前216年，8万罗马大军与6万汉尼拔大军在坎尼（今意大利奥方托河入海口附近）相遇，一场大战不可避免。战前，汉尼拔派500名士兵前去诈降，罗马人将他们缴械后安置到了罗马

汉尼拔的“坦克”

最著名的战象属于迦太基统帅汉尼拔。公元前216年，在意大利南部与罗马人进行的坎尼战役中，他使用了从西班牙带来的大象。

·第三次布匿战争·

第二次布匿战争之后，罗马与迦太基休战了50多年。公元前149年，罗马见迦太基通过贸易逐渐恢复了元气，非常担心迦太基复兴。于是要求迦太基抛弃港口城市，迁入北非内陆，这一要求遭到断然拒绝。罗马立即对迦太基宣战，出兵8.4万，围攻迦太基城。迦太基人奋起抵抗，罗马人无法取胜。公元前147年，罗马执政官小西庇阿亲临前线指挥，断绝迦太基与外界的联系。第二年春天，罗马人发动总攻，攻克迦太基。迦太基港口被毁灭，5万残存居民沦为奴隶，罗马完全吞并了迦太基。

人的阵后。汉尼拔将战斗力较弱的步兵摆在中央，两翼则配备战斗力较强的骑兵。整个汉尼拔大军呈月牙状分布，突出的一面朝向罗马人，背靠大海列阵。战斗开始后，罗马人向汉尼拔发起了猛烈进攻，迦太基步兵抵挡不住，逐渐后撤，而骑兵则坚守阵地。月牙阵突出的部分慢慢收缩，罗马人进入了口袋阵。这时，汉尼拔立即指挥两翼精锐骑兵迅速向罗马人的后方包抄，步兵停止后退，开始反攻。先前诈降的500名迦太基士兵也从怀里掏出匕首，杀向罗马人，堵住罗马人的退路。排山倒海一样的迦太基骑兵迅速击败了罗马人的骑兵，开始猛攻罗马人的中央步兵。罗马人顿时陷入了重重包围之中。恰在这时，猛烈的海风吹来，扬起了满天尘土，迷住了罗马人的眼睛。几万罗马人乱成一团，不成阵式，根本无法发挥出战斗力。罗马人向前受大风的阻挡和迦太基步兵的反击，两翼受到迦太基骑兵的夹击，后面又遭到迦太基士兵的进攻，溃不成军。

这场战役整整持续了12个小时，直到黄昏后才结束。罗马人有5.4万人战死，1.8万人被俘，1.4万人突围逃走，而汉尼拔只损失了6000人。坎尼战役成为历史上著名的以少胜多的辉煌战役。

后来，罗马人改变战略，开始进攻迦太基本土，汉尼拔被迫回援，结果战败，第二次布匿战争又以迦太基的失败告终。汉尼拔为了躲避罗马人的追杀，四处逃亡，最后被逼自杀。52年后，罗马人发动了第三次布匿战争，彻底灭亡了迦太基。

张骞出使西域

中国汉武帝时的张骞，曾两次出使西域，开辟了丝绸之路，加强了中原与西域的联系，促进了西汉王朝和中、西亚各国经济文化的交流和发展。张骞凿空西域，在中国历史、亚洲历史以及东西方交通史上，都有着深远的意义和巨大影响。

西汉时期，北方的游牧民族匈奴一直是西汉最大的威胁。他们不断地南下，掠夺人口、牲畜和财物，侵扰汉朝的北部边境，有一次甚至逼近首都长安附近的甘泉宫。汉朝虽想进行军事反击，但由于汉初实力不够，而无法实现，因此，一直以和亲的方式羁縻匈奴。到了汉武帝的时候，汉朝进入全盛时期，国富兵强，汉武帝开始筹划反击匈奴。

此恰逢匈奴单于杀死游牧民族大月氏人的王，继位者很想报杀父之仇。汉武帝探知这一消息，决定利用这一有利时机，派人去联络大月氏，夹击匈奴。公元前139年，在武帝身边担任郎官的张骞毛遂自荐，带领堂邑父和随从100多人，第一次出使西域。

张骞此行充满了危险。当时匈奴的势力已经延伸到西域，控制了天山一带和塔里木盆地的东北部以及河西走廊地区。河西走廊是通往大月氏的唯一通道，张骞一行刚一进入，就遇见匈奴骑兵。张骞等人被捕后，匈奴兵来夺张骞的旌旗，张骞义正词严地说:“旌旗是我出国的凭证，你们胆敢侮辱我！”匈奴兵无奈，只好把他押去见单于。单于扣下张骞、堂邑父以及他们所带财物，把他的随行人员分到各个部落去当奴隶。匈奴人不断地提审盘问张骞，却一无所得。单于软硬兼施，下令把张骞和堂邑父押送到匈奴西边的游牧地区，表面上优礼相待，暗地里则严加看管，还指派一名美女给张骞当妻子。

但张骞不忘使命，公元前129年，他抛下妻儿，逃离匈奴，继续西行，终于到达了大月氏。可是西迁的大月氏征服了富饶的大夏以后，已不想再与匈奴交战了。张骞在大夏地区考察了一年多，起程回汉。归途中虽然改走天山南路，但还是不幸地再次被匈奴俘获，又被扣留了一年多。直到公元前126年，张骞等人才趁着匈奴内乱，带着妻子和儿子，逃了出来，回到汉朝。

张骞第一次出使西域，虽然没有完成使命，但是却开辟了举世闻名的丝绸之路，为进一步发展汉朝和西方之间的友好关系，促进国际间的经济文化交流，做出了不可磨灭的巨大贡献。

丝绸之路的开辟，使得西域的葡萄、苜蓿、胡桃、芝麻、石榴、黄瓜、大蒜、胡萝卜、蚕豆等，在中原地区生根落户；西方的毛皮、毛织品、玻璃以及名马、骆驼、狮子、鸵鸟等珍禽异兽也都源源东来；中原地区的丝绸、铁器、农产品、铸铁技术、井渠灌溉方法等也相继传到了西域、波斯、印度等地。这种频繁的经济、文化交流，促进了西域的进步，也极大地丰富了中原人民的物质文化生活。

公元前 122 年，张骞在汉武帝的支持下，连续派出了十几批使者试图打通去往身毒（印度的古称）的道路，继续寻找前往西方的道路。这一举动虽然没有达到预期效果，却恢复了内地和西南的交通，加强了汉族和西南各少数民族之间的友好关系，为后来汉朝开发经营西南地区奠定了基础。

汉朝取得对匈奴战争的胜利后，为了进一步发展汉朝和西域各族的友好关系，加强和中亚、西亚各国的联系，孤立打击匈奴在西域的残存势力，公元前 119 年，张骞建议汉武帝联合乌孙，共同对付匈奴。汉武帝采纳了他的建议，再次派他出使西域。但是由于乌孙的内乱，汉乌联合之事被搁置下来。张骞只好派部属分别前往大宛、康居、大月氏、大夏、安息等地访问考察。公元前 115 年，张骞回到汉朝，第二年就去世了。

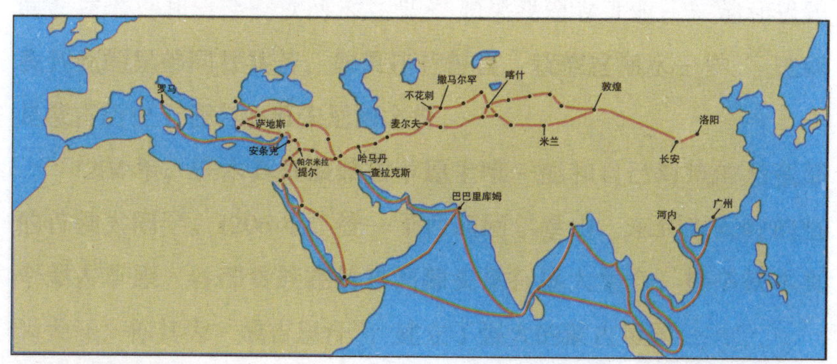

丝绸之路示意图

丝绸之路跨经 6 个亚洲国家，最大的威胁来自中亚地区占山为王的强盗，为保护驼队和线路的畅通，安息士兵常在本国道路上巡视。

张骞是一位卓越的探险家、英勇的将军。在汉匈战争中，他凭借自己的西域经验，寻找水源和草地，指点行军路线，为汉军的胜利屡立大功，被封为博望侯。

后来，汉朝不仅和乌孙结成了同盟，还在西域设置了行政机构西域都护府，对西域地区进行管辖。汉朝和西方各国也建立起友好的关系。

格拉古兄弟改革

公元前2世纪中叶，罗马不断对外扩张，占领了大片的领土，成为地中海的霸主。罗马先后在地中海沿岸设立了西西里、撒丁、山南高卢、远西班牙、近西班牙、阿非利加、伊利里亚、马其顿和亚细亚9个行省，高卢南部、多瑙河以南地区、小亚细亚北部和叙利亚等地区虽然没有被直接吞并，但都属于罗马的势力范围。

但大规模的扩张也给罗马带来了一系列的问题。首先是兵源不足，罗马的士兵都是从有耕地的平民中征发的。平民拥有选举权，平时垦荒或耕种从罗马政府那里分来的土地；战时自备武器装备，应征入伍。在罗马对外扩张中，这些平民立下了汗马功劳。但是，随着征服土地的扩大，罗马的奴隶主们拥有很多大庄园，使用大量的奴隶劳

公元前1世纪的罗马货币

罗马人认为农业是最高贵的职业，但当自给自足无法实现时，人们发现奴隶和佃农耕种了大部分土地，城市地主在榨取他们的劳动成果。

动。许多平民无力与他们竞争，土地被兼并，纷纷破产，甚至一贫如洗。根据罗马的兵役法，服兵役的人必须自备服装、武器，但失去土地的平民根本无力购买，因此也无法当兵，使罗马的军队数量越来越少。根据公元前154年的人口调查，适合服兵役的罗马平民的人数，约为32.4万人，而到了公元前136年，这一人数已经下降到了31.8万人。与此相反的是，被罗马征服的土地上，起义此起彼伏，愈演愈烈，罗马贵族认识到要巩固辽阔的疆域，进行行之有效的统治，镇压被征服地区的反抗，必须有一支数量庞大的军队。于是在公元前2世纪下半叶，以格拉古兄弟为首的一些开明的罗马贵族便发动了一场以解决土地问题为中心内容的，旨在复兴农民进而复兴军队的改革运动。

提比略·格拉古出身于一个显赫的贵族家庭，他本人参加过多次战争，立下了赫赫战功，在罗马人中声望很高，并于公元前133年当选为保民官。当上保民官后，提比略·格拉古便颁布了自己的改革方案。方案规定：任何罗马人占有的土地不得超过500犹格（罗马的土地单位，1犹格等于0.25公顷），他的儿子成年后可再拥有250犹格，但每家拥有的土地总共不得超过1000犹格。超过部分将由国家收购，再由国家划分成每块30犹格的小块土地，无偿分给无地平民，不得买卖或转让。提比略·格拉古还成立了一个特别委员会，负责收回和分配土地。这个法案遭到了占有大片土地的守旧贵族的强烈反对，但得到了广大平民的大力支持。经过激烈斗争，公民大会通过了该法案。

为了彻底贯彻法案的实施，提比略·格拉古决定竞选下一届保民官，而守旧贵族则决定在竞选大会上刺杀提比略·格拉古。守旧贵族纳西卡率领一批打手，暗藏凶器，潜入会场。有人将这一情况告诉了提比略·格拉古，提醒他回避。但提比略·格拉古认为现在回避，人民会失望的，就拒绝了。他把双手放在头上，做出了一个生命受到威胁的姿势。守旧贵族大喊："提比略·格拉古要我们给他一顶王冠！"纳西卡和他的打手掏出凶器，大声说："提比略·格拉古背叛了罗马，爱国者跟我来！"纳西卡和他的打手气势汹汹地冲上前去，与提比略·格拉古的支持者展开了激战，包括提比略·格拉古在内的300多人倒在血泊之中。守旧贵族的暴行激起了人民的强烈愤怒，纳西卡狼狈逃出罗马，最后死在了小亚细亚。元老院慑于众怒，也不敢废除土地改革法案。提比略死后的6年里，先后有8万平民分到了土地。

公元前124年，提比略·格拉古的弟弟盖约·格拉古当选为下一年的保民官。他比提比略·格拉古更激进，对人民更具吸引力。守旧贵族惊呼："提比略·格拉古又回来了。"

盖约·格拉古上台后，继续执行哥哥的法案。但此时罗马的土地已经不多了，于是他提出在意大利和北非再建3个移民区，以解决土地问题，得到了平民的大力支持，而守旧贵族对盖约·格拉古更加痛恨。

在一次大会上，一个守旧贵族大肆侮辱盖约·格拉古，结果被愤怒的盖约·格拉古的支持者所杀。以此为借口，守旧贵族开始大肆报复，3000人被杀，盖约·格拉古被迫逃亡，最后绝望自杀。格拉古兄弟改革最终失败。

斯巴达克起义

公元前2世纪，罗马横跨欧、亚、非三大洲。连年的扩张，使大批的战俘和被征服的居民成为罗马人的奴隶，奴隶们被称为“会说话的工具”。奴隶主为了取乐，建造巨大的角斗场，强迫角斗士手握利剑、匕首，相互拼杀，或者让角斗士与狮子等猛兽搏斗。一场角斗戏下来，场上留下的是一具具奴隶的尸体。

公元前80年，希腊东北部的色雷斯(今保加利亚、土耳其的欧洲部分)被罗马征服，战将斯巴达克被俘后沦为奴隶，成为一名供罗马贵族娱乐的角斗士。在卡普亚城一所角斗士学校，斯巴达克遭受了非人的待遇。公元前73年，在忍无可忍的情况下，斯巴达克向他的伙伴们说：“宁为自由战死在沙场，不为贵族老爷们取乐而死于角斗场。”角斗士们在斯巴达克的鼓动下，拿起厨房里的刀和铁叉，为了争取自由，斯巴达克秘密带领78名角斗士杀死卫兵，逃到维苏威深山里，斯巴达克被推选为起义首领。斯巴达克起义爆发后，许多逃亡的奴隶和农民纷纷加入，起义

斯巴达克雕像

竞技场上的厮杀

军很快发展到1万人。起义军不断出击，势力日益壮大起来，影响范围也越来越广。

得知奴隶起义的消息，罗马元老院急忙派克狄乌斯率3000人前去围剿。维苏威山是断崖山，山后是悬崖峭壁，克狄乌斯封锁了山路，企图把起义军困死在山上。斯巴达克一边命人在前面吸引敌人的注意力，一边命主力用野葡萄藤编成绳梯，夜里顺着绳梯下山，绕到敌后，向正在沉睡的罗马军队发动进攻。罗马军在起义军的突然袭击下乱作一团，溃不成军，克狄乌斯慌忙逃跑。起义军名声大振，队伍进一步扩大。

起义军队伍壮大起来后，斯巴达克决定将队伍转移到罗马兵力较弱的意大利北部。罗马元老院命瓦利尼乌斯率领1.2万大军分三路截击。斯巴达克采取各个击破的策略，先后打败两路大军。两路失败的罗马军与第三路军会合后继续反攻，将起义军困在山洞里，起义军正好得到了休整机会。休整完毕，起义军在营中点起篝火，吹响号角，迷惑敌人，然后趁夜色从崎岖的小道突破重围。天亮后，罗马军才知中计，急忙追赶。起义军又利用有利地势设下埋伏，打了罗马军队一个措手不及。

公元前72年，斯巴达克的军队发展到1.2万人，斯巴达克按照罗马军队的形式对部队进行了改编，除了由数个军团组成的步兵外，还建立了骑兵、侦察兵、通信兵和小型辎重部队。此外，斯巴达克还组织制造武器，对士兵进行训练，并制定了严格的兵营和行军生活规章。起义军声威大震，控制了整个坎佩尼亚平原。斯巴达克决定继续北上，但和他的副手克里克苏产生分歧，克里克苏拒绝北上，带领部分人马原地留守。

罗马元老院对起义军的发展极为担忧，遂命两个军团对起义军进行围剿。罗马军首先给了留守的克里克苏部致命一击，克里克苏阵亡。然后，又兵分两路夹击斯巴达克军。斯巴达克集中兵力先打击堵截的罗马军团，后乘胜回头对追兵发起了猛攻，罗马军团再次惨败。

取得这场胜利后，斯巴达克不再向北转移，而是挥师南下，向西西里岛进军。罗马元老院惊慌失措，派克拉苏统帅6个军团约9万人镇压起义军。这时斯巴达克大军已挺进到意大利半岛的南部，准备从这里渡海去西西里岛，到那里建立政权。但是被西西里收买而毁约的海盗没有给他们提供船只，斯巴达克只好组织起义军编制木筏，海上的风暴又使他放弃了这个计划。这时罗马大军赶到，在起义军后方挖了一条大壕沟，切断了起义军退路。起义军回师反攻，用土和树木填平了壕沟，突破罗马军队的防线，但起义军也损失惨重，2/3的战士牺牲。

公元前71年春，起义军试图占领意大利南部的重要港口布尔的西，乘船渡海驶向希腊，进而到色雷斯。罗马元老院想尽快将起义镇压下去，就分别从西班牙和色雷斯将庞培的大军和路库鲁斯的部队调来增援克拉苏。为了不让罗马军队会合，斯巴达克决定对克拉苏的军队发起总决战。

在阿普里亚省南部的激战中，斯巴达克军队虽在数量上比罗马军队少得多，但他们仍然英勇战斗。斯巴达克身先士卒，骑在马上左冲右突，杀伤两名罗马军官。他决心杀死克拉苏，但由于大腿受了重伤，只好在地上屈着一条腿继续战斗。在罗马军队的疯狂围攻下，6万名起义者战死，斯巴达克也壮烈牺牲。此后，斯巴达克的余部继续战斗达10年之久。

斯巴达克起义虽然失败，但它沉重地打击了罗马统治，对罗马的政治、经济、军事都产生了深远的影响，其不畏强暴、前仆后继寻求解放的斗争精神谱写了奴隶解放的光辉诗篇。

恺撒大帝

“今天的收获真不小，竟然抓到了一个衣着如此光鲜的‘贵重货’。”地中海的海盗们高兴极了。海盗们知道这个穿着华贵衣服的人就是这伙人的头，于是就对其他被俘的人说：“你们赶紧回去取20塔兰特，然后来赎回你们的主人。”这位被称为主人的人听了海盗的话，不慌不忙地说：“我的身价应值50塔兰特。”

海盗得到钱后，果然把这个衣着光鲜的家伙给放了。这一回，这个人反倒不依不饶地说：“你们听着，将来我要率领一支舰队消灭你们。”海盗们不以为然。几年后，这股海盗果真被一支舰队打败了。临死时，强盗们认出了那个下达“把他们钉在十字架上”命令的人，正是他们曾经俘获并向他索要20塔兰特的衣着光鲜的人。

这位海盗的俘虏，就是古罗马共和国末期著名的统帅和政治家恺撒（约公元前100～前44年）。在历史上，能同时拥有政治、军事、文学、雄辩等诸多才能于一身的人，除了恺撒之外，恐怕再找不出第二个人了。

恺撒是古罗马历史上最有成就的伟人，有人断言，若不是他在英年时突然被刺身亡，罗马的历史将可能改写，甚至他的成就将可能超过著名的马其顿国王亚历山大大帝。

恺撒生性好学，加之出身贵族，所以自幼就受到了非常良好的教育。他跟随一位高卢人老师学习了拉丁文、希腊文和修辞学，这位老师对他的性格塑造有着不可磨灭的影响。少年时期的恺撒就怀有非凡的抱负和志向，他幻想权力和荣誉，希望为风云变幻的罗马共和国建功立业，13岁时，他就当选为朱庇特神（即宙斯）的祭司。公元前84年，恺撒奉父命与珂西斯汀结婚，父亲去世后，他与珂西斯汀离婚，另娶了当时平民党的领导者金拉的女儿

表现恺撒被刺死的绘画。尽管事先受到威胁，恺撒还是没带武器便来到元老院，在凶手中，他认出布鲁图斯——他之前非常信任的人。

可妮丽娜为妻。独裁者苏拉在取得统治权后，杀死了自己的政敌金拉，但他非常赏识年轻有为的恺撒，要求恺撒和可妮丽娜离婚，被恺撒拒绝。一气之下，苏拉没收了恺撒的世袭财产和他妻子的嫁妆，并且要处死恺撒，恺撒闻讯，逃离罗马，直到公元前 78 年苏拉死后，才返回罗马。

回到罗马后，恺撒迅速在政坛崛起，以雄辩、慷慨、热心公务的作风和改革派的形象赢得了公众的好感，并在广大平民和部分上层人士中赢得威望。公元前 73 年，他被选入最高祭司团，此后，又历任财政官、市政官、大祭司长、大法官等高级职务，并于公元前 60 年与担任执政官的庞培和克拉苏结成“三头同盟”。在后两者的支持下，恺撒于公元前 59 年登上了罗马执政官的宝座，任满后出任高卢总督（公元前 58 ~前 49 年）。就任高卢总督期间，恺撒建立起了一只能征善战、完全听命于自己的强大的军队，这支军队征服了高卢全境，越过莱茵河奔袭德意志地区，并两次渡海侵入不列颠群岛，为恺撒赢得了赫赫战功。恺撒势力的迅速增长，引起了元老院贵族的惊恐。

克拉苏死后，庞培与元老院合谋，企图解除恺撒的军权。恺撒决定兵戎相见，经过 5 年内战（公元前 49 ~前 45 年），他消灭了以庞培为首的敌对势力，征服了罗马全境，被宣布为独裁者，获得了至高无上的统治权力，成为没有君主称号的君主。凭借手中的权力，恺撒进行了包括土地制度、公民权、吏治法纪和政治体制在内的多方改革，建立起高度的中央集权，初步形成了一个以罗马为中心的庞大帝国，而且其中的一些措施对后世影响深远。他曾让属下在墙上写出罗马发生的重大事件和元老院会议的报告书，成为现代报纸最原始的雏形；他主持制定的儒略历，有些国家到20世纪还在应用，而现行的国际通用的公历也是在这个历法的基础上改革而成的；他曾为当时众多的马车制定单向通行的制度，成为现代交通管理的溯源；他所写的《高卢战记》更是为后人留下了了解当时外高卢、莱茵河东岸的山川形势、风俗人情等的最早的第一手材料。

恺撒的独裁权力始终为元老院的贵族反对派所不满，于是他们勾结起来预谋刺杀恺撒。

公元前44年3月15日，恺撒没带卫队，只身一人来到元老院开会。当他落座后，一个刺客假装汇报情况来到他面前，突然拔出藏在胸前的匕首刺向恺撒。恺撒毫无防备，应声倒地。其他阴谋者一拥而上，连刺恺撒23刀。当恺撒看到他最宠爱的义子布鲁图也持刀向他刺来时，便绝望地喊道：“孩子，连你也要杀我吗？”然后便不再抵抗，用长袍把头蒙住，任由大家刺杀，至死维护自己的尊严。

恺撒虽然死了，但罗马帝国的车轮已经运转起来，恺撒的甥孙、年轻的屋大维最终取得了罗马的统治权，成为罗马历史上第一个皇帝，被尊称为“奥古斯都”（神圣之意），开创了罗马帝国。

埃及女王克里奥帕特拉

克里奥帕特拉是埃及托勒密王朝的国王托勒密十二世的女儿，传说她出生时，整个王宫一片红光。埃及的预言家们预言这个女孩将会是托勒密王朝甚至是古埃及的一位重要人物，埃及的生死存亡都将寄托在她身上。国王和王后听了非常高兴，他们对克里奥帕特拉非常宠爱。父母的娇生惯养，使她从小就有很强的占有欲。她聪明美丽，受过良好的宫廷教育，会说很多种语言。

托勒密十二世去世后，按照埃及的规定，克里奥帕特拉与弟弟托勒密十三世结婚，共同统治埃及。托勒密十三世是个懦弱无能的人，精明能干的克里奥帕特拉一点都不喜欢他。由于性格不合，两人经常发生冲突。克里奥帕特拉想大权独揽，与托勒密十三世发生了激烈的权力争夺。在这场斗争中，克里奥帕特拉失败了，被迫逃亡叙利亚。但克里奥帕特拉不甘心失败，她积极地招兵买马，时刻准备杀回埃及。

公元前48年，罗马大将庞培与恺撒争权，失败后逃到埃及。恺撒追击庞培，率军来到埃及。克里奥帕特拉闻讯回国，打算借助罗马人的力量重登埃及王位。一天晚上，恺撒正在亚历山大城的豪华宫殿里看书，一个侍卫进来禀报说："尊敬的将军，埃及女王派人送给您一张毛毯。"恺撒让侍卫送进来。侍卫转过身拍了拍手，只见两个埃及人扛着一卷毛毯走了进来，然后放在地上就退了出去。这时，毛毯慢慢展开，恺撒惊奇地发现，里面竟然出现一个绝色的美人。恺撒屏退左右，毯中人向他自我介绍，说自己就是埃及女王克里奥帕特拉。恺撒早就听说埃及女王是个美人，今夜一见，果然名不虚传。恺撒礼貌地问："尊敬的女王陛下，您这么晚找我有什么事？"克里奥帕特拉也不绕弯子，直截了当地说："我是想让你帮我重登埃及王位。"克里奥帕特拉美丽的容颜、曼妙的身姿、迷人的微笑，在灯光的映照下犹如仙女下凡，恺撒立刻就爱上了女王。罗马军队轻而易举地击败了托勒密十三世的军队，在恺撒的扶植下，克里奥帕特拉重登王位，成为大权独揽、至高无上的埃及女王。

克里奥帕特拉之死

海战的失利和安东尼的死，使艳后失去了活下去的勇气。

后来恺撒回师，克里奥帕特拉也来到了罗马。克里奥帕特拉坐在巨大的狮身人面像的模型上，由很多侍卫抬着经过凯旋门时，整个罗马都轰动了。罗马人倾城而出，争相目睹女王的风采。克里奥帕特拉为恺撒生了一个儿子，取名“小恺撒”。克里奥帕特拉和她的孩子住在罗马郊外的别墅里，恺撒经常去那儿看望他们。不料几年后，恺撒遇刺身亡，女王伤心地回到了埃及。

恺撒死后，女王急于再找一个靠山，她看上了原恺撒手下的大将安东尼。此时的安东尼已经是罗马政坛上的三巨头之一，手握大权，管辖着罗马的东方行省。一天，安东尼率领军队来到埃及，传唤女王，要质问她为什么在为恺撒报仇的事上没有尽心尽力。

当埃及女王的金色大船一靠岸，安东尼远远地看见了女王的绝世容颜，顿时神魂颠倒，他将自己的衣服整理了很多遍才登上女王的大船。一见到美丽的女王，安东尼顿时将质问女王的事情抛到了九霄云外，很快坠入情网。不久，女王给安东尼生了一对双胞胎，安东尼将罗马的领土封给了埃及女王的儿子。这一行为引起了罗马人的强烈愤怒，他们纷纷指责安东尼是卖国贼，要求出兵讨伐他，恺撒的养子屋大维趁机率领军队讨伐安东尼。

安东尼和女王的联军在亚克兴海与屋大维展开激战，双方杀得难分难解。正在这时，女王突然率领自己的60多艘战舰撤退，安东尼见女王离去，斗志全无，也率领舰队返航。安东尼的很多部下见状，都投降了屋大维。

第二年夏天，屋大维率领大军在埃及登陆，绝望的安东尼拔剑自杀，克里奥帕特拉被俘。她还想用自己的美色诱惑屋大维，可屋大维对她不屑一顾，并扬言要把她押回罗马游街示众。克里奥帕特拉不愿受辱，想一死了之。她恳求自己死后能和安东尼合葬在一起，屋大维答应了。克里奥帕特拉在自己的王宫里，打扮得漂漂亮亮，平静地躺在象牙床上，将一条小毒蛇放在自己身上。小毒蛇轻轻咬了女王一口，不一会儿，38岁的女王就永远闭上了眼睛。

元首屋大维

“我接受了一座用砖建造的罗马城，却留下一座大理石的城。”这是罗马帝国的创建者奥古斯都充满自豪感时说的一句话。奥古斯都平生的志向就是要让罗马人从战争中解放出来，“永远过和平的生活”。他也的确实现了自己的诺言，在他统治的43年里，古罗马经济进入了史上最繁荣的时期。鉴于他伟大的功绩，公元14年8月，当他死去时，罗马元老院将他列入了“神”的行列，并且将8月称为“奥古斯都”，以纪念他。

屋大维像

这个踌躇满志的青年，19岁时继承恺撒的伟业，31岁时统治罗马世界，治理帝国达半个世纪之久。这尊大理石雕像雕刻的屋大维显得平静而庄严，做出凯旋的胜利姿势，其脚边的丘比特象征着他的伟大诞生。

奥古斯都原名盖乌斯·屋大维，奥古斯都是罗马元老院授予他的尊号，是神圣、庄严、伟大的意思。屋大维4岁时，父亲去世，他的母亲改嫁给马尔库斯·腓力普斯，从此，屋大维由继父抚养。12岁时，他在外祖母尤利娅的葬礼上致悼词，第一次在公众场合露面。15岁时，他被选入大祭司团。恺撒被刺时，他19岁，正在阿波罗尼亚城（今阿尔及利亚境内）接受教育，为恺撒远征帕提亚（今伊朗一带）做准备。恺撒在遗嘱里将自己财产的3/4赠予屋大维，并将屋大维立为自己的继承人。

得悉恺撒的死讯后，屋大维返回罗马，利用恺撒对自己的恩宠及恺撒的影响力开始了谋求罗马统治权的活动。他向恺撒的部将、当时掌握实权的执政官安东尼提出继承恺撒权力的要求，但遭到拒绝。

宝石浮雕
奥古斯都坐在一位象征着罗马的女神身旁，正在接受花环加冕。

屋大维知道要想获得政权，必须拥有一支属于自己的军队。为此，他四处募集资金，甚至拍卖家产，招募恺撒旧部，不到一年的时间，屋大维便建立了自己的军事力量。公元前 43 年，他趁安东尼出兵在外，率军进入罗马，获得了元老院的支持。此后，屋大维、安东尼、雷必达三位实力相当的人物达成协议，缔结盟约，共同执政，史称“后三头”政治同盟。在清除了一系列反对势力后，后三头重新划分势力范围，屋大维用计剥夺了雷必达的权力，兼并了他的军队，成为罗马实力最强的人物。公元前 42 年，拥有罗马东方行省的安东尼来到埃及，拜倒在埃及女王克里奥帕特拉的石榴裙下。不久，克里奥帕特拉为他生下一对双胞胎，高兴过头的安东尼竟然宣布把罗马的东方行省赠给克里奥帕特拉及其子女。这一行为激起了绝大多数罗马人的愤慨。罗马元老院和人民大会不能容忍安东尼，宣布剥夺他的权力，并授权屋大维率兵讨伐。公元前 31 年，屋大维与安东尼在亚克兴海决战，安东尼失败，逃回埃及后自杀。屋大维进军埃及，克里奥帕特拉企图笼络屋大维，失败后也自杀身亡，埃及成为罗马的一个行省。公元前 29 年，屋大维肃清了自己的敌对势力，成为罗马唯一的统治者。

凯旋罗马后，屋大维接受了“元老院首席公民”（即元首）和“元帅”的称号，并于公元前 28 年当选为罗马执政官。与恺撒不同的是，屋大维在共和政府的形式下进行了实质上的独裁统治，这成为他在罗马执政42年的重要原因。公元前27年1月13日，他召开元老院会议，在会上宣布交出独裁权力并恢复“共和国”制度，此举使心怀感激的元老院在三天后授给他“奥古斯都”的尊号。但是，他又装作应元老院和人民的请求，接受了完全违背共和制原则的绝对权力，创立了独裁的元首制。公元前13年，奥古斯都被选为祭司长，成了罗马宗教的首脑。这样，他总揽了行政、军事、司法和宗教大权，实际上成为罗马帝国的第一个皇帝，那一年，他36岁。

建立元首制后，奥古斯都将罗马各行省分为由元老院任命总督管辖的元老院行省和直属元首的行省，同时继承了恺撒的制度，在行省中推行自治市制度，把公民权授予行省上层分子，又将大批退伍士兵移居各行省，从而大大加强了对全国各个地区的控制力度。奥古斯都建立了一支强大的正规化的常备军，依靠这支军队，征服了高卢和西班牙，占领了从莱茵河到易北河的全部地区，把地中海变成了罗马的内湖，极大地拓展了帝国的疆域。

尽管奥古斯都比较长寿，但他却一直受到疾病的困扰和折磨。他患有严重的皮肤病、风湿病、关节炎等多种疾病，怕冷却又不敢晒太阳。他饮食清淡，遇有宴会，他要么预先吃饱，要么宴会后单独再吃，而不动宴席上的东西。像中古的圣哲一样，他用精神支持肉体，建立了自己的千秋伟业。

公元14年，奥古斯都巡视南意大利，在路上因病死去，享年77岁。

“魔鬼”尼禄

尼禄(公元54～68年在位)头像

相传尼禄幼年丧父，由其母抚养成人。在其当政之初因母后对其管教严厉，引起尼禄怨恨，公元59年，他策划了一起杀母事件。之后又亲小人，远贤臣，火烧罗马城，其残暴令人发指。

公元37年12月5日，尼禄出生于罗马。他的父亲是一个臭名昭著的大贪官，母亲阿格里披娜是罗马皇帝的侄女。3岁的时候，尼禄的父亲病死，他的母亲用美色诱惑自己的叔叔，当上了皇后。

阿格里披娜是一个野心勃勃、权力欲极强的女人，她处心积虑怂恿老皇帝将太子废掉，立尼禄为太子。为了让尼禄的地位更巩固，她又撺掇老皇帝将公主屋大维娅嫁给了尼禄。

阿格里披娜以为这样一来，只要老皇帝一死，罗马皇帝的宝座就是尼禄的。但事情的发展并不如意，老皇帝的身体非常健康，并且经常怀念废太子。阿格里披娜急得团团转，最后她竟勾结近卫军将老皇帝毒死。就这样，年仅17岁的尼禄登基，成为罗马皇帝。

尼禄在元老院的第一篇演说受到了元老们的普遍称赞，元老们一致认为尼禄将是一个非常有作为的皇帝，罗马帝国的一个新的黄金时代即将到来。尼禄上台后，起初施行仁政，下令禁止血腥的竞技，废除极刑，减少赋税，允许奴隶们控诉虐待他们的主人等，他甚至宽恕写诗讽刺他的诗人，赦免阴谋反对他的人。

尼禄当上皇帝后，阿格里披娜得意扬扬，以为整个罗马都是她的了。她平时专横跋扈，不可一世，经常干涉朝政和尼禄的生活。尼禄不喜欢自己的妻子，而喜欢一个美丽的女奴隶。他的母亲斥责他，尼禄生气地说："我是罗马皇帝，我想怎么样就怎么样！"阿格里披娜大怒说："你别忘了，是谁让你当上皇帝的！我能让你当上皇帝，也能让你哥哥当上皇帝！"尼禄惊恐万分，彻夜难眠，便下令将他的哥哥秘密处死。为了消除后患，尼禄又决定对自己的母亲下毒手。

尼禄自杀

尼禄的残暴使他众叛亲离，在"祖国之敌"的声讨中，这位帝国皇帝无奈地选择了自杀。此画表现了尼禄临死前近臣惊乱的情景。

一天，尼禄扶着母亲登上一艘豪华的大船上，给母亲说了很多好话，还亲自斟酒，不停地道歉。阿格里披娜非常高兴，认为儿子回心转意了。尼禄走后不久，"轰"的一声巨响，船身猛地倾斜到一边，吓得阿格里披娜魂飞魄散，急忙跳水逃生，游了半天才上岸，在众人的搀扶下，回到了自己的别墅。惊魂未定的阿格里披娜还没来得及喘口气，几个五大三粗的士兵就闯入别墅，大声说："我们奉皇帝之命前来杀你！"阿格里披娜还没来得及说话，一把锋利的刀就插进了她的胸膛。派人杀死了自己的母亲后，尼禄又派人杀死了老师和妻子。从此以后，再也无人能节制他，尼禄性格大变，整天过着荒淫无耻的生活。

公元 64 年夏季的一天，精神极度空虚的尼禄做了一个令人震惊的举动：火烧罗马城。全罗马城14个区有10个区都燃起了熊熊烈火，罗马人奔跑着、惊呼着，仿佛世界末日来临。尼禄站在皇宫的最高处，看着满城冲天大火的壮观景象，兴奋得手舞足蹈。他不仅不派人去救火，反而触景生情，用忧伤的语调高声朗诵特洛伊毁灭的诗篇。

大火过后，人民无处安身，生活在饥寒交迫之中。可尼禄根本不管这些，下令修建自己的皇宫。皇宫内部用金银珠宝装饰得富丽堂皇，餐厅里有镶着象牙的可以转动的天花板，不停地撒下花瓣和香水。浴池可以引进海水，也可以引进泉水。当这座富丽堂皇、豪华别致的建筑竣工后，尼禄兴奋地说道："这才像个人住的地方啊。"

人民猜测是尼禄放火烧毁了罗马，纷纷议论。尼禄非常生气，派士兵杀死了很多非议他的人，并嫁祸给基督徒，大肆迫害他们。

尼禄觉得自己是个艺术家，经常上台表演。他在皇宫举办了很多场豪华演出，自己扮演朗诵者、歌手、演奏师甚至角斗士登台表演。在演出时，他下令紧闭剧场大门，不许观众中途退场。观众们实在无法忍受他那刺耳的歌声和拙劣的演技，纷纷翻墙逃跑。

尼禄见在罗马没有人"欣赏"他的"才华"，就率领庞大的剧团到希腊去演出。希腊人赞扬了他，尼禄非常高兴，觉得希腊人懂艺术，就赐予希腊自治权。

罗马人再也无法忍受尼禄的暴政了。公元68年，罗马的西班牙和高卢行省的总督号召人民起来反抗，尼禄的近卫军也纷纷响应。众叛亲离的尼禄逃出罗马城，在郊外的一所别墅中自杀。

临死前，尼禄仰天长叹："一个伟大的艺术家就要死了！"

罗马和平

公元14年，罗马第一任皇帝屋大维死后，他的养子提比略继位，从此罗马帝国开始了帝位传承制。公元1～2世纪，罗马帝国主要经历了三个王朝：朱里亚·克劳狄王朝、弗拉维王朝和安敦尼王朝。这三个王朝是罗马帝国的鼎盛时期，被称为"罗马和平"。

在这一时期，罗马的生产工具和技术有了很大的提高。农业出现了带轮子的犁和割谷机。工业上出现了水磨，大大减轻了人力和畜力的劳动强度。在矿山中开始使用人工排水的机械。手工业的发展尤为显著，不仅门类增多，而且分工十分精细。传统的手工业，比如阿列提乌姆的制陶业，阿普亚的青铜制造业，莫纳德的制灯业等规模不断扩大，产量很多，远销各地。玻璃制造业也得到了大力

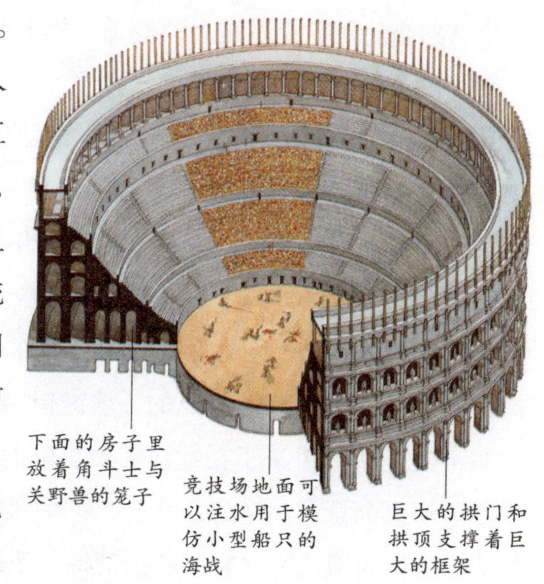

罗马椭圆形剧院

罗马城的椭圆形剧院是最大的。它在公元80年开放，能够容纳5万名观众一起看角斗士的表演。

推广，同时出现了丝织业。在这一时期，除了罗马城外还出现了很多大城市，比如不列颠的伦丁尼姆（今伦敦）、高卢的鲁格敦（今里昂）等，迦太基等一些曾被摧毁的城市也开始恢复，阿普亚和那不勒斯是手工业和商业的中心，而亚历山大里亚（今埃及的亚历山大港）则是商品的集散地和内外贸易的枢纽。首都罗马成了整个帝国的交通中枢，它和许多大城市都有道路相连，西方谚语“条条大道通罗马”就是从那时流传下来的。

当时罗马对外有三条贸易通道。第一条是从意大利半岛经海路来到亚历山大港，登岸后由陆路经过红海东岸阿拉伯半岛上的也门，然后乘着船借着季风抵达印度，最后再把印度的宝石、香料和纺织品运回罗马。第二条是北上到达北海和波罗的海沿岸，用罗马的金属制品换取这里的琥珀、奴隶和毛皮。第三条是通过丝绸之路与中国进行贸易往来。中国的丝绸在罗马属于奢侈品，罗马的上流社会以穿中国丝绸制的衣服为荣。每逢庆典和节日，罗马的贵族和富人都会身穿绫罗绸缎出席。

罗马的文化也取得了辉煌的成就。当时的诗人备受皇帝的宠爱，社会地位很高。其中最有名的有三位诗人：维吉尔、贺拉西和奥维德。维吉尔一生虽然只写了三部作品，但影响巨大。其中以他模仿《荷马史诗》写成的《埃涅伊德》最为著名。《埃涅伊德》讲的是特洛伊王子在特洛伊被攻陷后，带着族人千辛万苦，漂洋过海来到意大利半岛，经过了一系列的战争，创建罗马城的故事。贺拉西擅长写讽刺诗和抒情诗，他的抒情诗《颂歌》堪称抒情诗的典范。奥维德以写爱情诗见长，他的代表作是以古希腊罗马的神话为题材的《变形记》。此外，历史学家李维等人呕心沥血，写成了24卷的《罗马史》，时间跨度从罗马的起源到图拉真皇帝，所记历史长达900年。书中还记述了罗马起源和王政时代的传说，地中海周围国家的情况以及罗马征服这些国家的过程，具有很高的史学价值。

罗马的建筑艺术是人类艺术的瑰宝。现存的最著名的罗马建筑是建于公元81年的提图斯皇帝凯旋门。它是为纪念罗马镇压犹太人而建的，在高达24米的浮雕板上，雕刻着罗马皇帝乘坐四轮马车凯旋的情景。而树立在罗马广场上的图拉真记功柱，一共刻了2000多个人物，描绘了图拉真皇帝的赫赫战功，是罗马石刻艺术中的珍品。

罗马椭圆形剧院是现存罗马建筑中最壮观的。它建于公元80年，剧场内不仅可以表演陆战，舞台还可以灌上水，表演海战，所以又有水陆剧场之称。剧院共分4层，有80个出口，能容纳5万观众。站在剧院的最高处，整个罗马的景色尽收眼底。

在科学技术方面，罗马也取得了很大的成就。农业学家科路美拉写了《论农业》、斯特拉波写了《地理志》，科学家普林尼写了长达37卷、百科全书式的《自然史》。此书又名《博物志》，发表于公元77年，这部巨著是对罗马时代自然知识百科全书式的总结，内容涉及天文、地理、动物、植物、医学等。普林尼以古代世界近500位作者的2000多本著作为基础，分3万多个条目汇编而成，范围极为广博。普林尼的基本哲学观点是人类中心论，这一哲学立场贯穿在他的《博物志》中，得到了日益兴盛的基督教的认同，从而大大有助于这部著作的流传。无论如何，《博物志》出自一位对大自然充满好奇心的人之手，它诱使人们保持对大自然的新奇感。这种对自然的好奇和关注的态度，是自然科学得以发展的内在动力。他为了详细记录维苏威火山喷发的情景，亲临现场，不幸遇难，为科学献出了宝贵的生命。

但罗马的繁荣是建立在残酷剥削奴隶的基础上的，这种繁荣维持不了多久。到了公元2世纪末，罗马帝国就开始出现了危机。

火山灰下的庞贝城

庞贝城坐落在意大利半岛西海岸的平原上，离罗马大概有240千米。这里风景如画，气候温和，公元前6世纪，人们就在这里修建了庞贝城。人们在庞贝城外开垦土地，种植橄榄、柠檬、葡萄等农作物，生活美满幸福。但美中不足的是，城北有一座休眠火山——维苏威火山。公元62年，意大利发生过一次地震，庞贝城的一些建筑受到了损坏。但人们没有太在意，修复建筑后依然生活在这里。

公元79年8月24日的午后，灾难突然降临，维苏威火山竟然爆发了。火山口喷出滚滚的浓烟，直入云霄，中间还夹杂着巨大的石块和大量的灰尘，并且不停地发出震耳欲聋的爆炸声。顷刻间，天昏地暗，地动山摇，仿佛世界末日来临了一样。原先风平浪静的那不勒斯湾的海水激荡起来，巨大的海浪疯狂地拍打着陆地。从火山口喷出的熔岩，落到地上时已经变成了坚硬的石块，整个地区都被石块和灰尘覆盖。接着下起了倾盆大雨，大雨又引发了山洪暴发。山洪夹杂着无数的石块、泥土，形成一股巨大的泥石流，向坐落在低处的庞贝城冲来。庞贝城的居民很快从震惊中清醒过来，他们哭喊着争相逃命，有2万人逃到了外地，还有2000人不幸葬身泥石流，庞贝城也被泥石流所吞没。与庞贝城同时被泥石流淹没的还有城北的两个小镇，一个叫赫库兰尼姆，一个叫斯台比亚，它们从此消失于历史之中。

阿波罗神庙和维苏威火山

在远处巍然屹立的维苏威火山的衬托下，古老神庙前的雕像似在述说那段不幸的历史。

在此后的1000多年里，人们渐渐遗忘了庞贝古城，只是在翻阅古罗马历史文献和传说中，知道历史上曾有过这么一个古城，但它的地理位置在哪里、是什么样子的，人们一无所知。

1720年的一天，一群意大利农民在维苏威火山附近挖渠。突然，“当啷”一声，铁锹似乎碰到了东西。一个农民捡起那个挖出来的东西一看，兴奋地大叫：“金币！我挖到了金币！”大家一听，都扔掉手中的工具跑过来看。

很快，维苏威火山下挖出金币的消息就传开了。人们一窝蜂似的来到这里挖宝贝，挖出了很多东西，有古罗马时期的钱币、陶器、经过雕琢的大理石碎块等。直到1748年有人挖出了一块刻有“庞贝”字样的石块，人们才知道，这下面就是罗马古城——庞贝。

意大利政府立即组织人员进行有计划的挖掘。

1927年，又挖掘出了庞贝城北的赫库兰尼姆和斯台比亚。经过200多年断断续续的挖掘，庞贝——这座在地下沉睡了近1900年的古城终于重见天日。

由于整个庞贝城被6米厚的火山灰、熔岩和泥石掩埋、封闭，防止了风化，所以城市里的建筑、街道、物品大都完整无损地保存下来了。今天，庞贝古城已经成了意大利的一个著名旅游景点。当人们走进这座庞贝古城，仿佛是乘坐时间机器回到了古罗马时代。

庞贝城遗址面积大约有1.8平方千米，四面石砌的城墙共长4800多米，有8座城门和16个塔楼。城内南北和东西走向各有两条大街，使全城呈井字状，分为9个街区。街道宽10米，每个十字路口都有雕花石砌成的水池，池里的水是从城外的山上通过渡槽引入城中的。大街两旁有酒馆、商店、水果摊、手工作坊等。由于年代久远，货架上的商品、水果早已风干，青铜制品也锈迹斑斑了。

城西南有一个长方形的广场，广场附近是庞贝城的政治、

·赫库兰尼姆·

赫库兰尼姆位于维苏威火山西麓，西临那不勒斯湾，距那不勒斯10千米。公元79年，与庞贝城一起为维苏威火山大喷发所湮没。1709年被发现，古城筑于一块高地上，四周建有城墙，城外有两条溪流，面积共有11.84公顷，估计当时人口有5000人。现在在废墟上建立了城市雷西纳。

经济和宗教中心，有议会厅、法院、监狱、神庙，还有商人们签合同的场所。广场东南是两座公共建筑：竞技场和大剧院。这两个建筑规模很大，尤其是竞技场，足以容下2万人，相当于全城的人口。

庞贝古城中最使人震惊的是那些受难者的石膏像。当年火山爆发时，来不及逃走的人们被泥石流吞没，窒息而死。时间久了，人体就枯干了、消失了，只剩下一些空壳。考古学家就石膏浆灌到里面，制成了很多和真人一样大小的石膏像。这些石膏像逼真地反映了当时遇难者的各种神情，许多人绝望地掩面哭泣，一个小女孩紧紧地抱着妈妈，一个乞丐茫然地站在街头……

庞贝古城渐渐地掀开了它的神秘面纱，向人们展现出了公元1世纪时罗马帝国城市的面貌。

迦腻色迦宏佛

迦腻色迦是贵霜帝国全盛时期的君主，他不但是一位政治家、军事家，而且还是佛教的保护人。在佛教的护法王中，他的排名仅次于阿育王。

贵霜帝国是大月氏人建立的帝国。大月氏人原来生活在中国西部河西走廊的敦煌、祁连山一带，势力一度非常强大。公元前2世纪时，他们被匈奴人打败，被迫西迁，途经中亚，最后来到印度。在民族大迁徙过程中，一位叫丘就却的首领先后消灭了其他4个部落的首领，统一了大月氏，自立为王，建立了贵霜帝国。丘就却建贵霜后，北上征服了花剌子模，南下征服了喀布尔，势力遍及整个中亚。丘就却死后，他的儿子阎膏珍即位，开始向印度进军。

当时的印度处于四分五裂的状态，根本无力抵御大月氏人的进攻，大月氏人很快就占领了恒河流域的大片土地。阎膏珍死后，贵霜帝国爆发了激烈的王位争夺战，最后曾率兵进攻印度的将领迦腻色迦乘势而起，取得了胜利，登上了贵霜帝国的王位。

当时贵霜南面的印度王公之间混战不断，无力抵御强盛的贵霜帝国；而西面的安息帝国（在今伊朗）早已腐朽不堪，根本不是贵霜帝国的对手。迦腻色迦向西、南、东三个方向扩张，在南面，贵霜帝国疆界从恒河一直推进到纳巴达河，深入南亚次大陆。向西打败了安息国，将领土扩张到伊朗东部。迦腻色迦将都城迁到富楼沙（今巴基斯坦北部白沙瓦），贵霜帝国的重心转移到印度。

但是向东，贵霜帝国却被中国的东汉打败。公元 90 年，贵霜帝国派 7 万大军进攻东汉驻守的西域。当时班超驻守西域，他冷静地分析了敌我双方的情况。班超利用贵霜军劳师远征、军粮不足的缺点，命令汉军坚壁清野，退城坚守。贵霜军队强攻不克，渐渐地耗尽粮草，只好派兵向西域的龟兹国求援。班超派汉军在半路埋伏，将贵霜军杀得全军覆没，迫使贵霜军退回葱岭以西，被迫求和。班超释放了所有的俘虏，两国重归于好。

贵霜帝国位于丝绸之路的中段，所以商旅众多，贸易往来非常频繁，贵霜帝国同当时东西方许多大国都有密切的贸易往来和联系，东至中国的东汉、西至罗马帝国，使节来往频繁。中国的丝绸、瓷器、铁器，印度的香料、珠宝等都要经过贵霜帝国销往罗马，贵霜帝国从中获取了高额的利润。

释迦如来坐像

贵霜帝国崇信佛教，使产生于印度的佛教得到更大发展和广泛传播。

经济的发达带动了文化的发达。迦腻色迦信奉佛教，所以他大力宣扬佛教。他命人在首都富楼沙修建了很多寺院，雕刻了许多佛像。他将一些著名的佛教学者召到王宫，奉为上宾，还召开佛教大会，将各派高僧聚于一堂。这次大会是佛教历史上第四次大会，规模超过前面三次。会上对佛经重新做了修订和解释，写成了多达200卷的《大毗婆沙论》。这次大会后，贵霜帝国人人信佛，佛教得到了极大的发展。贵霜帝国境内到处都是寺院，到处都是高僧，成为当时世界上佛教的中心。

在迦腻色迦时代，佛教分为大众部佛教和上座部佛教。大众部佛教主张普救众生，宣扬大慈大悲，建立西方佛国净土。而上座部佛教追求个人的解脱，进入超脱的境界，不再受轮回之苦。迦腻色迦对佛教各派别实行兼容并包的政策，在他身边的佛教高僧，有大众部也有上座部。此外，迦腻色迦还实行宽容的宗教政策，允许其他的宗教如印度教、希腊宗教存在和传播。

迦腻色迦不只在国内大力推广佛教，还利用自己处于丝绸之路中段的便利条件向外传播。北传的路线以大众部佛教为主，经过西域传到中国内地，然后再由中国传到朝鲜、日本和越南等国。南传的路线则以上座部佛教为主，经过锡兰，传入缅甸、泰国、柬埔寨、老挝和中国的云南等地。

迦腻色迦好大喜功，他在位期间一方面大兴土木，建造了很多的寺院；一方面派兵对外进行侵略战争，这遭到了老百姓的强烈反对。

公元 102 年，迦腻色迦被厌战的部下所杀，贵霜帝国也随之衰落，公元 5 世纪时被白匈奴所灭。

君主制的开创

屋大维开创的罗马帝国，我们虽然称领导人为“皇帝”，但实际上，直到戴克里先执政之时，才将“元首”改为“皇帝”，正式确立了君主制。而此时的罗马帝国，已经蒙上了衰败的阴影。公元 1 ~ 2 世纪，罗马帝国强盛一时，可惜好景不长，罗马帝国出现了严重的危机，经济凋敝，政局动荡。但罗马皇帝为了炫耀帝国的富足，还经常在各种节日和纪念日举行盛大的庆祝活动。公元 106 年，罗马

四帝雕像

在内忧外患的危机中，戴克里先取消元首制，创立了“四帝共治制”，分管帝国的东西两半。图中前面两位是戴克里先和马克西米安，二人共同称帝，统治罗马西部。

皇帝图拉真为纪念他在达西亚的胜利，竟然连续举行了 123 天的节日娱乐。皇宫里更是腐化堕落，仅御用美容师就有数百人之多。上行下效，罗马的各级官员和富人们也都挥金如土，过着穷奢极欲、荒淫无度的生活。

与此同时，统治者内部争权夺利的斗争也越来越激烈。今天一个皇帝刚上台，结果明天就被杀掉了，又重新换了一个皇帝。在公元 235 年以后的 50 年中，竟一连换了 10 个皇帝，罗马帝国的衰落已经无可挽回了。

公元 284 年深秋，一个阳光灿烂的午后，小亚细亚北部的一条大路上，一支罗马大军正在返乡的途中，他们从波斯人那里掠夺了大量的金银财宝和其他物品，每个人都发了大财。但不幸的是御驾亲征的皇帝凯旋途中病死，而继位不到一个月的新帝也得了重病，不得不蒙着被子躺在担架上，让几个士兵抬着走。一路上，士兵们一直闻到一股臭味，但始终不知道从哪里发出的，大家都很纳闷。

“快走！快走！”近卫军长官阿培尔骑着马来到在担架旁，对抬担架的士兵大声呵斥，“要是你们走得慢，耽误了皇帝的病情，小心你们的脑袋。”阿培尔恶狠狠地说。几个抬担架的士兵敢怒不敢言，只好加快了脚步。“等等，”阿培尔忽然翻身下马，轻轻地揭开了被子一角，往里面看了看。就在阿培尔揭开被子的时候，那几个抬担架的士兵闻到一股强烈的臭味。虽然当时已经是深秋了，但天气依然很热，臭味显得越发强烈。

傍晚，大军来到尼科美地城休息。一个抬担架的士兵悄悄地问同伴：“你说奇怪不奇怪，皇帝既不吃药又不吃东西，病能好吗？”另一个士兵想了想，来到担架旁边说：“陛下，你想吃点什么？”但用被子蒙着的皇帝丝毫没有反应。这名士兵小心翼翼地揭开被子一看，不由得惊呼：“啊！皇帝陛下死了！”附近的士兵一听到喊声，都围了过来。原来一路上的臭味，是皇帝的尸体发出来的。

“是谁杀害了皇帝？把凶手找出来！”士兵们怒吼着，纷纷要求严惩凶手。

阿培尔走过来，向士兵大吼道：“吵什么吵？！难道你们想造反吗？皇帝死了重选一个不就行了。谁要再敢闹事，就地处决！现在马上回营房去！”士兵们都默不作声。

这时，皇帝卫队长戴克里先冷笑着：“阿培尔，你说得轻巧！该处决的不是别人，而是你！是你杀死了两位皇帝！”阿培尔见自己的罪行暴露，拔出宝剑刺向戴克里先。戴克里先毫不示弱，拔剑迎战，将阿培尔杀死。戴克里先的举动赢得了士兵们的拥护，他被拥立为罗马帝国的新皇帝。

戴克里先当上皇帝后，没有返回罗马，而是在尼科美地城大兴土木，以此为首都，建造了奢华的皇宫。戴克里先被奉为天神，皇权也大大加强了，“元首”的称号正式改称为君主。这种君主制成了罗马帝国后期相袭的一种统治形式。

戴克里先无力应付频繁的奴隶起义和外族入侵，就委托好友马克西米连治理帝国的西部，马克西米连定都意大利的米兰。于是罗马帝国就出现了两个皇帝，一切命令都用他们的名义发出。后来，他们又让自己的女婿担任自己的副职，各自统治罗马帝国的一部分，历史上称为“四帝共治制”。这种制度虽然不利于中央集权，但却巩固了边疆，扩大了领土。

公元305年，戴克里先和马克西米连同时退位。继承戴克里先帝位的君士坦丁于公元330年把首都迁到拜占庭，改名为君士坦丁堡（今土耳其伊斯坦布尔），号称“新罗马”。公元395年，罗马帝国分裂为东、西两个帝国，即以君士坦丁堡为首都的东罗马帝国（又称拜占庭帝国）和以罗马城为首都的西罗马帝国。

巴高达运动

公元5世纪初，罗马一位不知名的剧作家写了一个喜剧，在演出时受到了热烈欢迎。剧中的主角叫奎罗卢斯，他家境贫寒，生活困顿。于是他向神灵祈祷，祈求神灵能够让他到一个能够安居乐业的地方生活。神告诉他说，要想安居乐业，那你最好到罗亚尔一带去当“强盗”。那里没有法官，也不实行罗马法律，公正无私的“强盗”组成公社和法院，所有的案件由农民审理，由士兵判决，死罪在橡树之下宣布。到那里去就能实现愿望。这一喜剧深刻揭示了当时罗马帝国存在的种种弊端。

公元3世纪的时候，罗马帝国日趋没落，出现了严重的经济危机，田地荒芜，城乡凋敝，人口减少，人民困苦不堪。但统治者和富人们依然挥霍无度，过着醉生梦死的生活，一年要过180个节日，整天观赏角斗、赛车，虚度光阴。尽管一些有识之士认识到如果一直这样下去的话将会导致罗马灭亡，但统治者依然我行我素。

令人担心的事情终于出现了。公元186年，高卢（今法国、

放纵的罗马皇帝

成堆的玫瑰花瓣，掩盖着放纵的狂欢。罗马帝国的衰败，并非源于早期的穷兵黩武，而是根源于后来的繁荣稳定导致的罪恶丛生、道德沦丧。

比利时、瑞士、卢森堡一带）爆发了声势浩大的“巴高达”奴隶起义。“巴高达”在高卢语中是战士的意思，起义首领是一个叫马特努斯的士兵。马特努斯不满罗马的腐朽统治，率领几百名奴隶发动了起义。起义军攻占了很多城镇和田庄，打开监狱，放出囚犯，焚烧奴隶名单和债券，官员、贵族和奴隶主纷纷逃亡。起义的声势越来越大，马特努斯提出了“让奴隶主变成奴隶”的口号，受到了许多奴隶的积极拥护，许多农民、牧民也纷纷加入起义军的队伍，农民当步兵，牧民当骑兵。起义军席卷了高卢大部分地区，甚至攻克了重镇奥古斯托敦。罗马皇帝听说后，又惊又怒，急忙派军队前去镇压。马特努斯将军队化整为零，分成许多小股部队，乔装改扮翻越阿尔卑斯山，在约定的日子会合，攻克罗马城，杀死罗马皇帝。但不幸的是，由于叛徒的告密，计划失败。公元188年，起义被罗马军队残酷镇压。

公元283年，在高卢塞纳河和罗亚尔一带，巴高达起义再次爆发，很快全高卢都陷入了起义风暴之中。起义军的力量迅速扩大，攻克了许多城镇和农庄。巴高达的两位首领埃里安和阿芒德在各自的控制区登基称帝，管理地方事务，铸造钱币，宣布脱离罗马帝国，对罗马的统治构成了严重的威胁。罗马皇帝戴克里先立即派马克西米连率军前去镇压。在敌众我寡的情况下，起义军效仿当年马特努斯的方法，将军队化整为零，不断派小股军队袭击、骚扰罗马军队。罗马人不堪其扰，斗志全无，竟然纷纷临阵脱逃。马克西米连大怒，杀死了许多逃跑的士兵，强迫士兵们打仗。马克西米连率领罗马军队将起义军分割包围，各个击破。渐渐的，在罗马人的优势兵力进攻下，起义军败退到马恩河与塞纳河交汇处的一个城堡坚守。在罗马军队的长期围攻下，城堡陷落，很多巴高达战士英勇战死，但突围的巴高达战士仍然坚持在高卢各地坚持斗争。

公元408年，巴高达运动再起，罗马统帅撒拉率领一直罗马大军从高卢返回意大利。在经过阿尔卑斯山时，巴高达战士袭击了毫无防备的罗马人。罗马人的武器辎重全部落入了起义军手中，从此起义军的武器装备大为改善，战斗力大大增强。公元435年，巴高达首领巴托率领起义大军向罗马人发动了更大规模的进攻，在高卢的许多地方建立了政权。在巴高达起义的影响下，罗马帝国统治下的西班牙、北非、色雷斯、多瑙河流域等地也爆发了声势浩大的起义。公元449年，罗马大军再次击败起义军。起义军余部被迫转移到西班牙，继续进行斗争。

巴高达起义沉重打击了罗马帝国的统治秩序，恢复了自由的农村公社生活，比公元前1世纪的斯巴达克起义更加声势浩大，具有更加广泛的群众基础，加速了罗马帝国的灭亡。

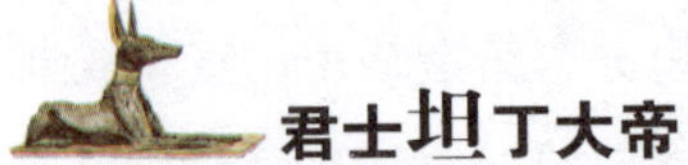

君士坦丁大帝

君士坦丁大帝头像

公元312年的一天夜里，正在为第二天的大战而忧心忡忡君士坦丁，站在罗马附近的米尔维亚桥上眺望着星空。突然，他看到苍茫的天空中出现了4个火红色的十字架，还伴随着这样的字样：依靠此，你将大获全胜。

这个情节是那么遥远而虚幻，以至于后人对它的真实性产生怀疑。但是，不管它是真是假，的确从那一年之后，世界历史发生了一个影响极为深远的变化，并且这个变化就来源于君士坦丁。

君士坦丁是私生子，出生于公元280年，父亲是位著名的将军，后来被士兵拥立为奥古斯都，母亲是一个小旅店的女仆。他小时候没有受过多少教育，只懂得一些希腊文。十几岁他就随父亲从军，参加抵御外族入侵的战争。由于有勇有谋，他很快就成长为一名高级将领。公元306年，父亲死后，君士坦丁继任“奥古斯都”。此时罗马帝国出现两个奥古斯都并存的局面，君士坦丁是西部奥古斯都，东部奥古斯都为李基尼乌斯。

公元313年，君士坦丁与李基尼乌斯在米兰会晤，共同颁布了著名的“米兰敕令”。“米兰敕令”承认基督教的合法地位，并归还以前没收的教堂和财产。从此，基督教由受迫害的秘密宗教转变为受政府保护的合法化宗教，迅速在罗马帝国传播开来。此后，君士坦丁与李基尼乌斯为争夺统治权，进行了10年的战争。公元323年，君士坦丁击败李基尼乌斯，成为唯一的奥古斯都，重新统一了罗马帝国。

君士坦丁夺取全国政权后，在行政、军事、宗教等方面进行了一系列改革，以加强中央集权的专制统治。他取消以前的四帝共治制，委派自己的亲信治理帝国各个部分，加强对地方的控制。他在行省中施行军政分开的政策，军事首长直接向皇帝负责，从而使皇帝完全掌握了军事大权。宗教方面，他对基督教进行保护和利用，把基督教变为帝国政权的可靠支柱。公元323年，为了解决基督教的内部纷争，君士坦丁在尼西亚召集了基督教第一次宗教大集结，统一了基督教的教义和组织，使基督教成为维护专制统治的工具。通过这一系列措施，君士坦丁把罗马的君主专制制度提高到一个新阶段。

随着帝国重心的东移，君士坦丁于公元330年把首都从罗马迁到东方的拜占庭，取名君士坦丁堡，意为君士坦丁之城。为营建新都，他大兴土木，从帝国各地调集石料、木料，用于建造宫殿、教堂、图书馆和大学等。他还大力提倡文学和艺术，采用各种措施吸引世界各地的杰出人才来到君士坦丁堡，使君士坦丁堡成为当时的文化中心。此后，君士坦丁堡一直是东部罗马帝国的首都。

政治上风光无限的君士坦丁，其家庭生活却很不幸。他娶了

100英尺高的宏伟的尼克拉堡巍然耸立，成为帝国时期罗马国力强盛的有力证明，但它的建筑初衷——由于恐惧而大量修建城堡与城墙，却是罗马衰败的征兆。

两个妻子，第一个妻子明妮弗纳为他生了大儿子卡洛斯普士后便死去，第二个妻子弗西蒂生有三男三女。公元326年，弗西蒂向君士坦丁哭诉，说卡洛斯普士调戏自己，君士坦丁一怒之下杀了卡洛斯普士。在得知弗西蒂所说的不符合事实后，他又杀了弗西蒂。除杀了儿子和妻子之外，君士坦丁还以“谋反罪”处死了妹妹的儿子。

君士坦丁在统治期间，虽然宣布基督教合法，鼓励臣民们与他一同接受这个新信仰，但从没有公开承认自己是基督徒。直到公元335年5月22日，君士坦丁身患重病，自知将不久于人世，才请了一位基督教牧师给自己洗礼，据说是为了借此洗净一生的罪恶。然后，这位年届64岁、疲惫不堪的君主，脱去了皇帝的紫袍，换上初信圣徒所穿的白长衣，安然辞世。

君士坦丁的专制统治与改革措施，使罗马帝国得到暂时的稳定，但无法挽救罗马奴隶制社会的没落。君士坦丁死后，统治集团内部发生争夺帝位的长期混战，到狄奥多西一世时才重新恢复统一。

公元395年，狄奥多西一世死后把帝国分给两个儿子，由此罗马帝国正式分裂为以君士坦丁堡为都城的东罗马帝国和以罗马为都城的西罗马帝国。公元476年，日益衰落的西罗马帝国被日耳曼人所灭，而东罗马帝国转入封建社会后，又继续存在了近千年。

笈多王朝崛起

笈多王朝是中世纪统一印度的第一个封建王朝（约公元320～540年）。

公元4世纪，印度北部小国林立，战乱不止。位于恒河上游比哈尔地区的一个小国趁机兴起，因为这个小国由笈多家族统治，所以历史上称其为笈多王朝。笈多王朝的君主号令一方，自称“摩诃罗韬”（众王之王）。笈多王朝所在地是当年孔雀王朝兴起的地方，笈多王朝第一代君主旃陀罗·笈多一世对阿育王的丰功伟绩非常神往，希望自己有一天能成为阿育王那样伟大的君主。

公元308年，旃陀罗·笈多与附近梨车王国公主鸠摩罗提毗结婚，笈多王朝和梨车王国合并，原梨车王国统治的华氏城及其附近地区并入了笈多王朝，笈多王朝的实力和政治地位大大增强。公元320年，旃陀罗·笈多一世正式建立笈多王朝，定都吠舍离。随着笈多王朝的国势蒸蒸日上，许多小国纷纷归附。

公元330年，旃陀罗·笈多和梨车王国公主鸠摩罗提毗之子沙摩陀罗·笈多（海护王，约公元330～约380年在位）即位。他即位后，开始了大规模的扩张。首先，沙摩陀罗·笈多率军西上，征服了恒河上游一带和印度河流域，巩固了笈多王朝的后方，解除了笈多王朝的后顾之忧。随后，沙摩陀罗·笈多率军沿恒河挥师东下，一路夺关斩将，势如破竹，占领了富庶肥沃的恒河三角洲一带，笈多王朝的国力大增。至此，北印度基本统一。沙摩陀罗·笈多又海陆并进，大举进攻南印度，征服了奥里萨和德干东部，兵锋一度抵达帕拉瓦王国的都城，南印度德干高原的很多文明程度较落后的小国纷纷向笈多王朝称臣纳贡。至今保存的称颂沙摩陀罗·笈多赫赫战功的阿拉哈巴石柱刻文，是由大臣诃梨先那所写，记述了沙摩陀罗·笈多攻灭了印度西部9国，震撼了整个印度的事。

除了在陆地上征伐外，沙摩陀罗·笈多还向海外扩展势力。马来半岛、苏门答腊岛和爪哇等地，都有笈多王朝使臣的足迹。

建立了庞大帝国的沙摩陀罗·笈多，志得意满地举行了一次马祭祀（就是用马作为供品）。按照印度的风俗，只有征服了大片领土的国王才有资格举行马祭祀，以显示自己的丰功伟绩。

沙摩陀罗·笈多征战和处理国家大事之余，还写了不少诗，因此获得了“诗人国王”的雅号。他重用文人，鼓励学术，扶持文化，当时有很多大臣就是著名的学者，如梵文诗人与戏剧作家迦梨陀娑和天文学家彘日和等。沙摩陀罗·笈多信奉婆罗门教，但他对其他宗教也不排斥，对包括佛教在内的其他宗教采取宽容态度。

公元380年，海护王去世，他的儿子旃陀罗·笈多二世（超日王）继位。旃陀罗·笈多二世也是一个非常有作为的帝王，他迁都华氏城，继续其父未竟的事业，经过一系列的战争与联姻，几乎统一了印度，将笈多王朝推向了繁荣的顶峰。

笈多王朝在中央地区的孟加拉、比哈尔实行中央集权制，其他地区则由国王委派总督或任命地方王公治理，处于一种半独立状态。笈多王朝的官僚机构比较简单，文武不分，往往一人身兼数职，婆罗门教的高级僧侣在政府机构中也占有一定比例。朝廷没有固定的军队，打仗时临时招募或由各地的总督和地方王公提供兵源。

笈多王朝的对外贸易非常发达，北经波斯，抵达地中海；南经阿拉伯海，进入红海，与罗马帝国进行商业和文化交往；东越帕米尔高原，进入中国新疆和甘肃一带；向东南进入中南半岛和马来半岛、苏门答腊岛和爪哇等地，抵达中国广州，与中国进行商业和文化交流。

公元 5 世纪初，旃陀罗·笈多二世在位期间，我国东晋著名僧人、旅行家法显历尽千辛万苦，长途跋涉，翻越帕米尔高原，

阿旃陀第17窟的壁画

笈多王朝时期，佛教也有一定发展，阿旃陀石窟就是当时佛教徒修建的修行之地，是一座古印度艺术的宝库。

经中亚抵达印度，以求取佛教真经，并在印度居住游历了6年，足迹遍及30多个国家。后来法显根据自己在华氏城和印度其他地方的见闻写了一本《佛国记》，书中描写了当时笈多王朝社会的繁荣和文化的发达，成为研究印度这一时期历史的重要文献资料。

匈奴骑兵横扫欧洲大陆

匈奴是中国北方的一个少数民族，在与汉朝的长期战争中元气大伤，分裂为南匈奴和北匈奴两部。南匈奴归附汉朝，北匈奴在汉朝的打击下，被迫于公元91年开始西迁。

匈奴人来到中亚后，在这里停留了很多年，恢复了元气后继续西迁，闯入了欧洲，开始了征服的步伐。首当其冲的是阿兰人。阿兰人是一支游牧民族，在伏尔加河和顿河之间建立了强大的王国。阿兰王倾全国之兵在顿河沿岸与匈奴人展开大战，但以战车为主力的阿兰人敌不过灵活勇敢的匈奴骑兵，阿兰人惨败，阿兰王战死，阿兰国灭亡，整个欧洲为之震动。

匈奴人的铁蹄并没有停下来，在欧洲人还没有来得及为阿兰的灭亡哀悼时，大难已经临头了。阿兰国西面是东哥特王国，东哥特老国王赫曼立克急忙组织军队抵抗。匈奴人身材矮小，但结实粗壮，擅长骑马作战，来去如风。他们远处箭射，近处刀砍，打得过就打，打不过就跑，不以逃跑为耻辱。

图为匈奴士兵使用的铃首青铜短剑。

·阿兰人·

阿兰是中亚地区的古代游牧民族，又称奄蔡，阿兰为其音译。西汉时期，该民族在咸海西北、里海北部草原游牧；东汉时期被康居国征服。后来，与中国作战失败的北匈奴西迁，阿兰人也随之逐渐西迁。3～4世纪时，一部分阿兰人来到欧洲，在伏尔加河与顿河之间地区定居并建立政权，另一部分则留在高加索以北地区。公元4世纪中期，匈奴人打垮居住在欧洲的阿兰人。公元5世纪中期，匈奴王阿提拉挟裹阿兰人西征。匈奴帝国解体后，阿兰人逐渐与欧洲居民融合。

东哥特人身材高大，他们打仗时组成一个方阵，远时投掷长矛，近时用长剑劈砍。在灵活机动的匈奴骑兵面前，这种方阵只有挨打的分。结果东哥特人全军覆没，老国王赫曼立克自杀。赫曼立克之子呼纳蒙特率部投降，其余的人向西逃到了西哥特王国。匈奴人尾随而来。

西哥特国王阿撒那立克从逃来的东哥特人口中得知东哥特亡国后，立刻在德聂斯德河组织防御，企图阻止匈奴人渡河。不料，匈奴人识破了阿撒那立克的计谋，兵分两路，一部分假装渡河，一部分绕到河的上游偷渡，然后沿河而下夜袭敌营，打了西哥特人一个措手不及。西哥特人急忙遣使请求罗马皇帝让他们进入罗马帝国避难。在得到许可后，大约20余万众渡过多瑙河进入罗马境内。

匈奴人进占匈牙利草原后，暂时在那里定居下来。公元5世纪初，匈奴人渡过多瑙河，进攻东罗马帝国的色雷斯地区。东罗马帝国的色雷斯总督抵挡不住，向匈奴国王乌尔丁乞和。乌尔丁在接见他时，趾高气扬地指着太阳说：“凡是太阳所能照射到的地方，只要我愿意，都能征服。”后来匈奴人还打到了东罗马首都君士坦丁堡城下，迫使东罗马帝国签订了城下之盟，答应从公元431年起，每年向匈奴进贡黄金350磅（4年后，增至700磅），将大片领土割让给匈奴，并允许匈奴人在多瑙河边一些东罗马城市进行互市。

公元444年，匈奴帝国正式建立。它的疆域横跨亚、欧两洲，东起咸海，南到巴尔干半岛，西至莱茵河，北抵波罗的海，首都在今天匈牙利的布达佩斯一带。当时欧洲各个国家每年都派使者来向匈奴王进贡，以祈求得到平安。

公元449年，西罗马帝国皇帝瓦伦提尼安的妹妹奥诺莉娅和侍卫长私通被人发现，愤怒的瓦伦提尼安将她囚禁到一个修道院里。奥诺莉娅暗中写信给匈奴大帝阿提拉，并赠送了一个戒指，表示自己对他的仰慕和愿意以身相许。早就对富庶的西罗马帝国垂涎三尺的阿提拉立刻向西罗马皇帝提出要与奥诺莉娅结婚，并要西罗马帝国割让一半的国土作为嫁妆。这个要求遭到西罗马皇帝的拒绝，阿提拉以此为借口，率领50万大军发动了对西罗马的战争。

西罗马皇帝也不甘示弱，联合日耳曼各部落在高卢的沙隆与匈奴人展开了一场大战。为了生存，日耳曼人尤其是西哥特人拼死作战，与匈奴人杀得难分难解。匈奴人向罗马联军射出了遮天蔽日的箭雨，然后骑兵风驰电掣般地插入联军阵中。西哥特人的老国王中箭而死，西哥特人悲愤异常，个个都奋不顾身，冲上前去与匈奴人拼命。战斗持续了仅仅5个小时，双方就战死了16

万人。阿提拉见难以取胜，遂率军回国。公元453年夏天，阿提拉突然病死。他的儿子们争权夺势，互相厮杀，匈奴帝国也随之瓦解。

民族大迁徙

罗马人征服高卢之后，在帝国的北部，相当于今天欧洲的北起波罗的海、南到多瑙河、西至莱茵河、东至维斯杜拉河之间的广大地区，生活着日耳曼人，人口大约有500多万。那时，他们还处于原始社会阶段，以畜牧业、狩猎为生，相对于罗马人来说，他们要落后得多，所以被称为“蛮族”。

日耳曼人分为很多部落，有东哥特人、西哥特人、汪达尔人、盎格鲁人、撒克逊人、勃艮第人、法兰克人等。在罗马帝国强大的时候，为了保障自身的安全，罗马人有时主动出击，攻打日耳曼人；有时又允许一部分日耳曼人进入北部边境，帮助罗马人守卫边疆；有时不断挑拨离间日耳曼各部落之间的关系，让他们自相残杀。在与罗马人的接触中，日耳曼人逐渐掌握了先

罗马的末日

绘画表现的是公元410年，西哥特人劫掠罗马城的惊恐场面。

进的生产工具和武器，生产力水平不断提高。随着人口的增加，为了生存和满足自己对财富的渴望，日耳曼各部落的首领率领族人不断袭击已经衰落的罗马帝国。

首先进入罗马的是西哥特人。当时，来自东方的匈奴人击败了东哥特人，继续向西进军。西哥特人犹如惊弓之鸟，在得到罗马皇帝瓦伦斯的允许后，他们渡过多瑙河进入罗马帝国避难，从此掀开了欧洲民族大迁徙的序幕。

迁入罗马帝国的西哥特人经常受到罗马官员的欺压，公元387年，忍无可忍的西哥特人举行了武装起义。罗马皇帝瓦伦斯亲自率兵镇压，结果在亚得里亚堡（今土耳其乔尔卢城北）全军覆没，自己也被西哥特人所杀，全欧洲为之震惊。这一仗，打破了罗马人不可战胜的神话，大大鼓舞了其他日耳曼部落的信心。这次起义虽然被后继的罗马皇帝狄奥多西镇压，但罗马帝国已无力彻底消灭西哥特人，狄奥多西只好极力笼络西哥特人，准许他们定居巴尔干半岛，并保证供给足够的粮食。公元395年，狄奥多西去世，罗马帝国分裂为东、西两个帝国，西哥特人在首领阿拉里克的率领下趁机再次起义，在马其顿和希腊大肆掠夺。

公元401年，阿拉里克率领西哥特人进军意大利半岛。罗马帝国虽然已经衰落了，但意大利本土一直是安全的。西哥特人的到来，令罗马人大为惊恐。罗马将军斯底里哥调集了许多军队，终于赶跑了阿拉里克，罗马人这才长出一口气。公元410年，阿拉里克率领西哥特人卷土重来，这一次，他攻克了罗马。西哥特人在罗马城中大肆劫掠了三天三夜，扬长而去。阿拉里克死后，继任的阿多尔福与罗马言和，并接受了罗马将军的封号。公元412年，西哥特人进军高卢，占领了南高卢的阿奎丹地区，不久又占领了西班牙。公元419年，西哥特人建立了以图卢兹为中心的第一个“蛮族”王国——西哥特王国。从此，西哥特人结束了长达半个世纪的迁徙，在南高卢和西班牙定居下来。

在罗马人和西哥特人交战的时候，另一支日耳曼部落汪达尔人乘虚而入，抢掠了高卢后，进入西班牙定居。公元416年，西哥特人向汪达尔人发动进攻，汪达尔人抵挡不住，只好渡过直布罗陀海峡，进入北非。经过10年的征战，汪达尔人战胜了那里的罗马军队，占领了罗马的阿非利加行省，定都迦太基，建立了汪达尔王国。此后，汪达尔人又占领了西西里岛、撒丁岛、科西嘉岛等地。公元455年，汪达尔人渡海攻克了罗马城，将全城的文物破坏殆尽。

公元419年，西哥特人在法国西南建立了西哥特王国。这幅浮雕下图表现的是哥特人对罗马人的胜利，上图是西哥特王国开始建立政权。

法兰克人和勃艮第人则越过莱茵河，进入高卢。公元457年，勃艮第人在高卢东南部建立了勃艮第王国，定都里昂。公元486年，法兰克人在首领克洛维率领下，击败罗马军队，占据高卢北部，建立法兰克王国。

公元5世纪中叶，盎格鲁人、撒克逊人横渡英吉利海峡，在大不列颠岛登陆，打败了当地的凯尔特人，占据大不列颠岛的东部和南部，建立许多小王国。

匈奴帝国灭亡后，东哥特人获得独立。他们进军意大利，占领了拉文那一带，建立东哥特王国，后被拜占庭帝国所灭。

公元568年，伦巴第人又占领意大利半岛的北部，建立了伦巴第王国，定都拉文那，为欧洲民族大迁徙画上了一个句号。

西罗马帝国覆灭

罗马城虽然经过了外族的两次洗劫，但还拥有很多金银财宝，很多外族还想再去抢劫，比如北非的汪达尔人。

汪达尔人不是北非的土著居民，他们是日耳曼人的一支，原来居住在斯堪的那维亚半岛南部。公元3世纪的时候，他们南下中欧，重金贿赂罗马皇帝君士坦丁，获得了在罗马帝国境内居住的权力。后来匈奴人来到欧洲，汪达尔人被迫西迁，加入了民族大迁徙的洪流之中。他们先是来到高卢境内，接着又翻越了比利牛斯山，到达西班牙，摧毁了当地的罗马政权，在那里建立了汪达尔王国。

公元416年，西哥特人进攻西班牙，汪达尔人被迫南迁。当时，汪达尔人的首领名叫盖赛里克，身材不高，但足智多谋。他决定避开势力强大的西哥特人，转移到罗马人统治力量薄弱的北非地区。

到达北非后，汪达尔人一路向东，沿途烧杀抢掠。当时北非的柏柏尔人正在反抗罗马人，他们把汪达尔人视为解放者，积极支持汪达尔人同罗马人作战，使罗马人在北非的政权土崩瓦解。公元438年，汪达尔人占领了北非的迦太基，并建都于此，建立了汪达尔王国。北非是罗马的粮食供应地，这里沦陷后，罗马顿时出现了粮荒，而汪达尔人则势力大增。罗马人被迫同汪达尔人签订条约，承认他们对北非地区的占领，还把罗马的公主嫁给汪达尔王子。

但盖赛里克并不满足，他占领了罗马在非洲的全部领土后，把目光投向了罗马城，他想像阿拉里克一样攻陷罗马城，掠夺财富。为此，盖赛里克建立了一支强大的舰队，并日夜不停地训练。汪达尔人的舰队相继占领了撒丁岛、西西里岛等地中海主要岛屿，成为继迦太基和罗马之后的地中海霸主。

公元455年，盖赛里克率领庞大的汪达尔舰队开始渡海北征，进攻罗马城。当汪达尔人的舰队到达台伯河的入海口处时，整个罗马城陷入了一片恐慌之中。

几辆豪华的马车从罗马皇宫疾驶而出，向城门口冲去。

“开门！快开门！”西罗马皇帝从马车中伸出头，对守门的卫兵大声说。

这时旁边的罗马人认出了皇帝，大喊：“不好了！皇帝要逃跑了！”很多罗马人听到喊声赶了过来，将皇帝的车队围得水泄不通。

“让开！让开！”西罗马皇帝愤怒地大喊大叫。

“你不能走！你是罗马皇帝！你必须带领我们抵抗汪达尔人，

和罗马共存亡！”一个罗马人义愤填膺。

“罗马守不住了，你们也快跑吧！开门！快开门！”西罗马皇帝急不可待地说。愤怒了的罗马人一拥而上，将皇帝活活打死。

很快，汪达尔人的舰队就来到罗马城下。此时的罗马人早已没有了他们祖先当年的勇武，汪达尔人很快就攻克了罗马，并在城中开始了大规模抢劫。皇宫、国库、教堂、富人的宅邸甚至一般人的家都被汪达尔人洗劫一空。他们把掠夺来得金银财宝、丝绸、瓷器、华丽的装饰品装满了他们的大船，并且将3万罗马人掠为奴隶，盖赛里克还抢走了罗马公主。最后汪达尔人四处放火，将罗马城付之一炬。几百年来，罗马人留下的无数建筑珍品和文明成果就这样被熊熊大火吞没。罗马，这座昔日繁华富丽的城市，在经历了这场浩劫之后已是满目疮痍，一片凄凉。后来的欧洲把疯狂破坏文明成果的野蛮行为称为“汪达尔主义”。

此时的西罗马帝国已经四分五裂，勃艮第人占领了高卢，西哥特人占据着西班牙，汪达尔人统治着北非，意大利半岛被东哥特人控制着，连西罗马皇帝都是东哥特人的傀儡。

公元476年，日耳曼雇佣军的长官奥多里克废黜了最后一个罗马皇帝罗慕洛·奥古斯都，西罗马帝国灭亡。年轻的罗慕洛·奥古斯都手中没有一兵一卒，他无力反抗，只好命随从把东西搬上车，默默地离开了皇宫。